100 WRITING & CRAFTING PAPERS OF FRUIT

くだものレターブック

くだものレターブック
100 Writing and Crafting Papers of Fruit

2022年 3月24日　初版第1刷発行
2026年 1月 1日　　第3刷発行

本文デザイン　小松洋子
協力　大浜千尋
校正　株式会社ぷれす
編集　鬮田理恵

発行人　三芳寛要
発行元　株式会社パイ インターナショナル
〒170-0005　東京都豊島区南大塚2-32-4
TEL 03-3944-3981　FAX 03-5395-4830
sales@pie.co.jp

PIE International Inc.
2-32-4 Minami-Otsuka, Toshima-ku, Tokyo 170-0005 JAPAN
international@pie.co.jp
www.pie.co.jp/english

印刷・製本　株式会社東京印書館

ISBN978-4-7562-5530-3 C0070

はじめに

本書は18世紀から20世紀にかけて描かれた、くだものの絵を100枚収録した「レターブック」です。くだもの栽培の発展や記録のために描かれたものが中心ですが、描かれたくだものの表情は作家により様々で、とても個性的です。本書は1枚ずつ切り離せますので、額に入れて飾ったり、便箋に使うなど自由にお楽しみいただけます。

なお、ページをしっかり開いてゆっくり引っ張ると、綺麗にはがれます。

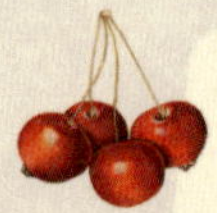

『USDA Pomological Watercolor Collection（米国農務省果樹園芸学水彩画コレクション）』より

1886－1942年（米国）

『USDA Pomological Watercolor Collection』は、19世紀後半から20世紀初頭にかけてUSDA（U.S. Department of Agriculture／米国農務省）の植物探検家が持ち込んだ果実やナッツの新品種・標本が記録された植物学の歴史的資料です。1886年から1942年にかけて制作された水彩画7497点・線画87点・模型79点もの作品がコレクションされており、その多くが1894年から1916年の間に制作されています。19世紀は、アメリカで果実の生産が産業として発展した時代でした。そしてこのコレクションが編纂された19世紀後半から20世紀初頭には、海外からさまざまな新品種が持ちこまれ、USDAではその導入に向けて研究が進められました。この研究成果を正確に記録し人々に伝える必要がありましたが、当時は写真が記録媒体として普及していませんでした。そこでUSDAは専属のボタニカル・アーティストを多数採用し、果実の特徴を正確に描写した絵を描かせたのです。記録用に描かれた絵ではありますが、様々な個性を持つアーティストたちによる絵は作品としても楽しめる内容です。以下に本書に収録した作品を描いた作家たちのプロフィールをご紹介します。

※一部、作者不明の作品も収録しています。あらかじめご了承ください。
U.S. Department of Agriculture Pomological Watercolor Collection. Rare and Special Collections, National Agricultural Library, Beltsville, MD 20705

ロイヤル・チャールズ・ステッドマン

Royal Charles Steadman　1875－1964年

商社のジュエリー・デザイナー、美術学校の講師として活躍したのち、1915年、USDAで職業画家としてのキャリアをスタート。果物、野菜、花の水彩画などのほか、モノクロの絵や、ペンやインクを使ったドローイングを描くこともありました。また、低温保存された果物の水彩画で、凍結や低温保存が植物組織に与える影響も表現しています。同僚のアマンダ・アルミラ・ニュートンのために、彼女の祖父であるUSDA初代長官アイザック・ニュートンの肖像画を描くほか、切手のデザインを手がけるなど、多方面で活躍しました。

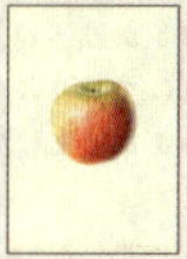
リンゴ

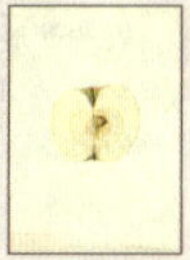
リンゴ断面

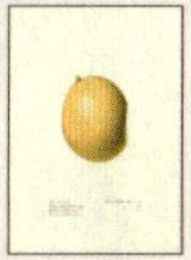
マンゴー

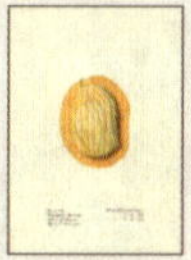
マンゴー断面

アボカド

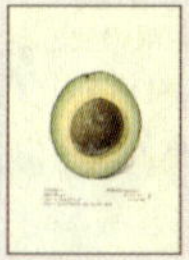
アボカド断面

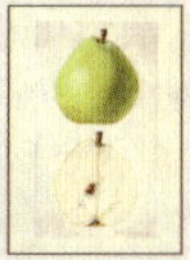
セイヨウナシ

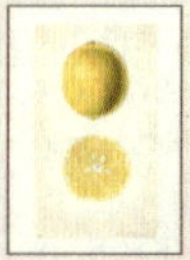
レモン

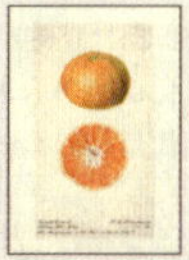
オレンジ

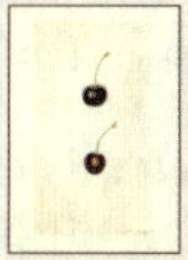
サクランボ

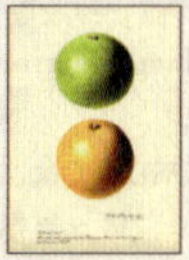
オレンジ

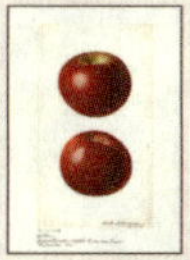
リンゴ

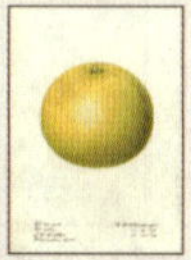
グレープフルーツ

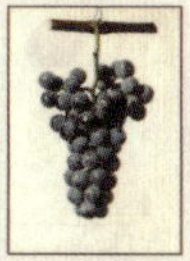
ブドウ

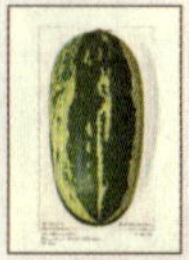
スイカ

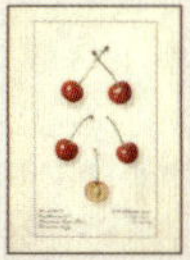
サクランボ

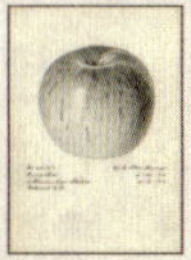
リンゴ

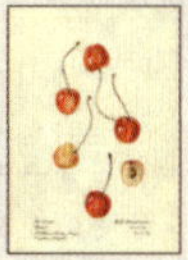
サクランボ

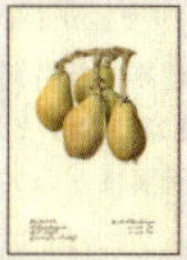
ビワ

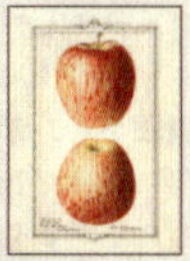
リンゴ

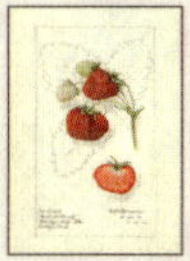
イチゴ

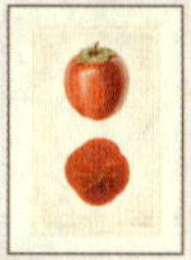
カキ

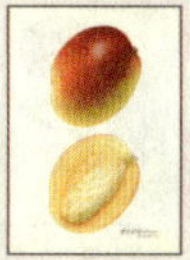
マンゴー

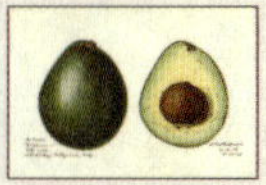
アボカド

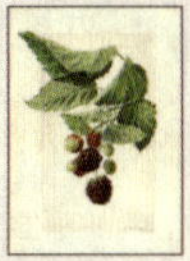
キイチゴ

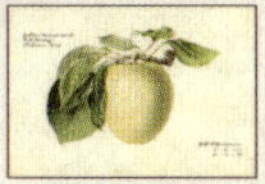
リンゴ

ロイヤル・チャールズ・ステッドマン
Royal Charles Steadman

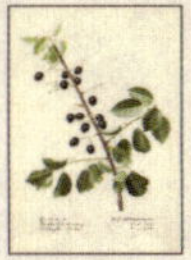
サクランボ

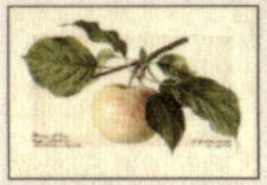
リンゴ

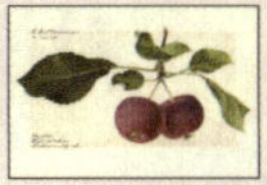
クラブアップル

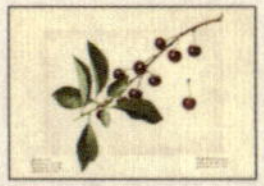
サクランボ

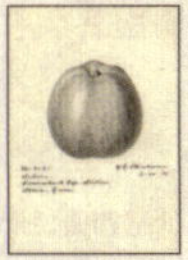
リンゴ

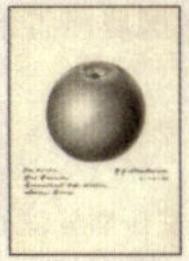
リンゴ

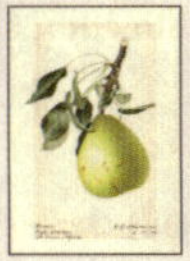
セイヨウナシ

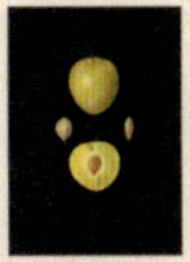
セイヨウスモモ

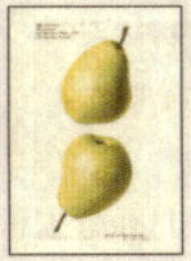
セイヨウナシ

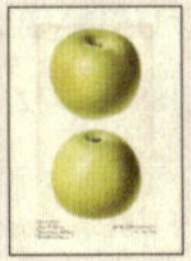
リンゴ

アマンダ・アルミラ・ニュートン
Amanda Almira Newton　1860頃－1943年

『USDA Pomological Watercolor Collection』に保管された絵のうちの、6分の1もの作品を手掛けた植物画家。作品のほとんどは、果物の全体図と半分に切った断面図がフルカラーで描かれています。作風は正確かつ緻密で、力強い線と繊細な色調の変化が組み合わされているのが特徴です。USDA初代長官アイザック・ニュートンの孫娘でもあります。

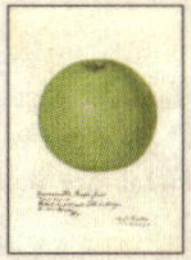
グレープフルーツ

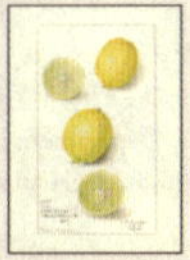
レモン

デボラ・グリスコム・パスモア
Deborah Griscom Passmore　1840－1911年

美術学校やトーマス・モランをはじめとする著名な画家に師事して美術を学んだのち、教師として活動。その後USDAに採用され、植物画家として活躍しました。仕事では果実を中心に描きましたが、花やサボテンの絵も得意としていました。またワシントンD.C.で自身のスタジオを構え、後身の美術の指導にもあたりました。

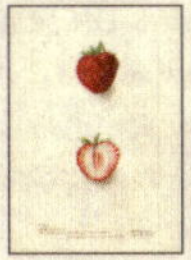
イチゴ

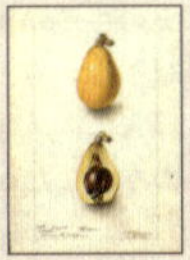
ビワ

メアリー・デイジー・アーノルド
Mary Daisy Arnold　1873頃－1955年

ニューヨークで美術を学び、1904年にUSDAに入省。その後35年以上勤務し、後に幹部としても活躍しました。USDAで描いた作品は1,000点以上。最も多作なアーティストの一人でした。詳細な記録は残っていませんが、油絵で風景画も制作していたそうです。

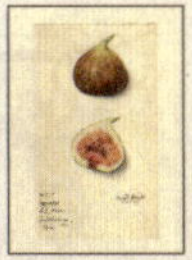
イチジク

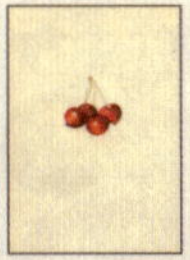
クラブアップル

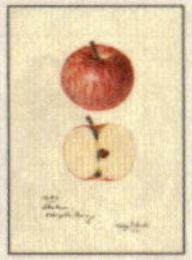
リンゴ

ジェームス・マリオン・シャル
James Marion Shull　1872－1948年

USDAでは、柑橘類やリンゴをはじめとする果物や、ナッツ類などの水彩画を750点以上制作。果樹の病気に関する調査官でもり、病気にかかった植物標本の水彩画も多数描きました。彼は育種家ブルース・ウィリアムソンが開発した初期のアイリス（アヤメ属の植物の総称）交配種を数多く描いた経験から、育種家になりました。1920年から1937年にかけて20種類ほどのアイリス栽培品種を作出したそうです。

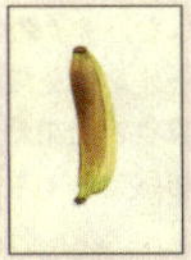
バナナ

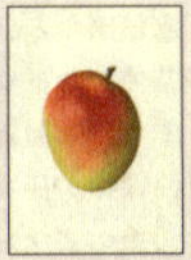
マンゴー

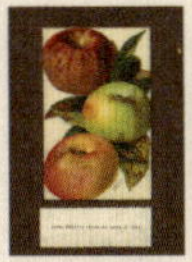
病気になったリンゴ

エレン・アイシャム・シュット

Ellen Isham Schutt　1873－1955年

1904年から1914年にかけてUSDAで勤務したシュットは、700点以上の果物やナッツ類の水彩画を描きました。題材は、リンゴなどの一般的なものから当時は珍しかった南国の植物まで幅広く、カビや虫などによる果物の被害を描いたものもかなり残されています。緻密で、乾いた印象を放つ彼女の画風は、筆で描かれたというよりも線画のように見えることもあります。

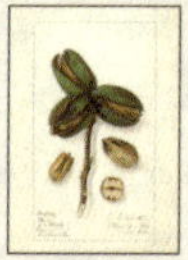

ペカンナッツ

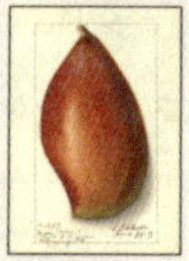

マンゴー

ウィリアム・ヘンリー・プレステレ

William Henry Prestele　1838－1895年

花や果実の画家であり、リトグラフ作家（石版画家）でもあった父から水彩画とリトグラフを学び作家として活動するほか、リトグラフを出版する事業を展開。その後、USDAに画家として入省しました。果物の水彩画が約100点所蔵されています。

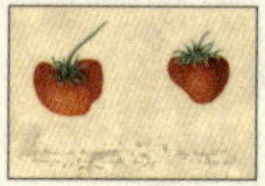

イチゴ

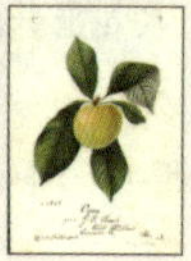

リンゴ

作者不明の作品

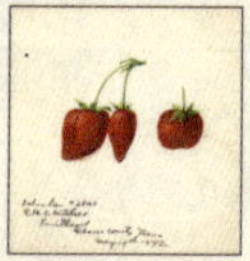

イチゴ

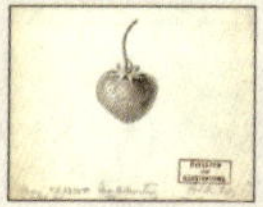

イチゴ

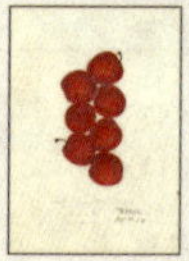

セイヨウスモモ

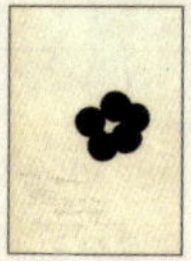

ブドウ

『La Belgique Horticole』より　1851－1885年（ベルギー）

1851年からベルギーのリエージュで発行されていた園芸雑誌『La Belgique Horticole』は当初、植物学者シャルル・モレン（Charles Morren）が編集を担当していました。後に、1855年から1857年の間はシャルルの息子で後継者のエドゥアール・モレン（Édouard Morren）も編集に参加。1858年のシャルルの死後はエドゥアールが単独で編集を担当しました。1885年までに合計35巻が発行され、挿絵制作には複数の画家が携わっていますが、詳細は不明となっています。

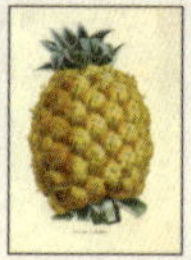

パイナップル

『新樹木概論』より　1800－1819年（フランス）

パンクラース・ベッサ

Pancrace Bessa　1772－1846年

ベッサは著名な版画家、ヘーラルト・ファン・スパーンドンクと植物学者で画家のピエール＝ジョゼフ・ルドゥーテに学び、果物と花の絵を数多く手掛けました。『新樹木概論』は、医師で植物学者のアンリ＝ルイ・デュアメル・デュ・モンソーが出版した『樹木概論』（1768年）に、ベッサによる美しく彩色した図版をつけて再刊したもので、世界最美の樹木図譜とよばれています。

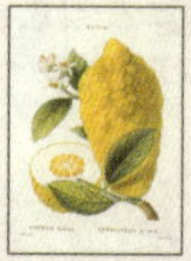

レモン

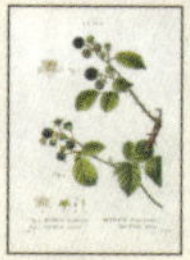

キイチゴ

『美花選』より　1827－33年（フランス）

ピエール＝ジョゼフ・ルドゥーテ

Pierre-Joseph Redouté　1759－1840年

マリー・アントワネットに植物画を教え、宮廷の収集室付素描家の称号を得た後に、ナポレオンの妃ジョセフィーヌの強力な後援を受けた宮廷画家ルドゥーテ。「花のラファエロ」とたとえられるほどの名声と人気を集めました。数多くの画集を制作しましたが『美花選』はルドゥーテ最後の大作となりました。美しい絵を愛するすべての人々が購入してくれるような図鑑を目指して制作したそうです。

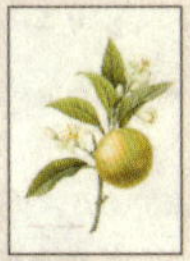

ダイダイ

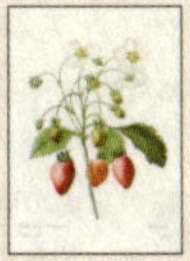

イチゴ

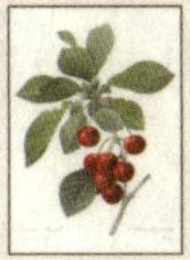

サクランボ

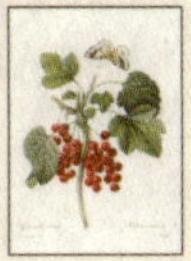

フサスグリ

『ロンドン庭園植物』より　1805－1808年（イギリス）

ウィリアム・フッカー

William Hooker　1779－1832年

植物画家のフランツ・アンドレアス・バウアーのもとで植物画を学び、英国の王立園芸協会の専属画家として活躍したフッカー。『ロンドン庭園植物』のほか、王立園芸協会の会報誌の挿絵も描きました。果物の作品で名高く、断面図や葉や茎の詳細や花とともに実物大の果物を描いています。

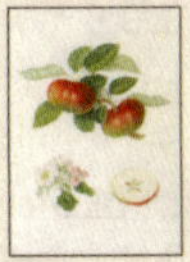

リンゴ

『イタリアの果実』より　1817－1839年（イタリア）

判事として働きながら大農園を経営する傍ら、1911年にサヴォーナの副知事を務めるなどの活躍をした多才な人物ジョルジョ・ガレシオ。植物学者でもあったガレシオは、160枚の手彩色の図が掲載されたイタリアの果実の画集『イタリアの果実』を出版しました。挿絵を制作するアーティストはガレシオが慎重に選んだそうですが、作家名などの詳細は分かっていません。

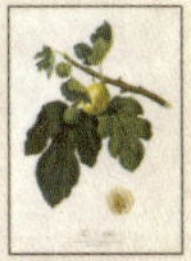

イチジク

サクランボ

『Pomologia』より　1836年（オーストリア）

ヨハン・ナップ

Johann Knapp　1778－1833年

美術学校で学び、貴族に絵画を教える仕事に従事。後にウィーンで宮廷画家に採用され、数百点もの植物の水彩画を残したほか、豪華な色彩の油彩画も描きました。

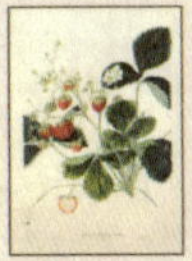

イチゴ

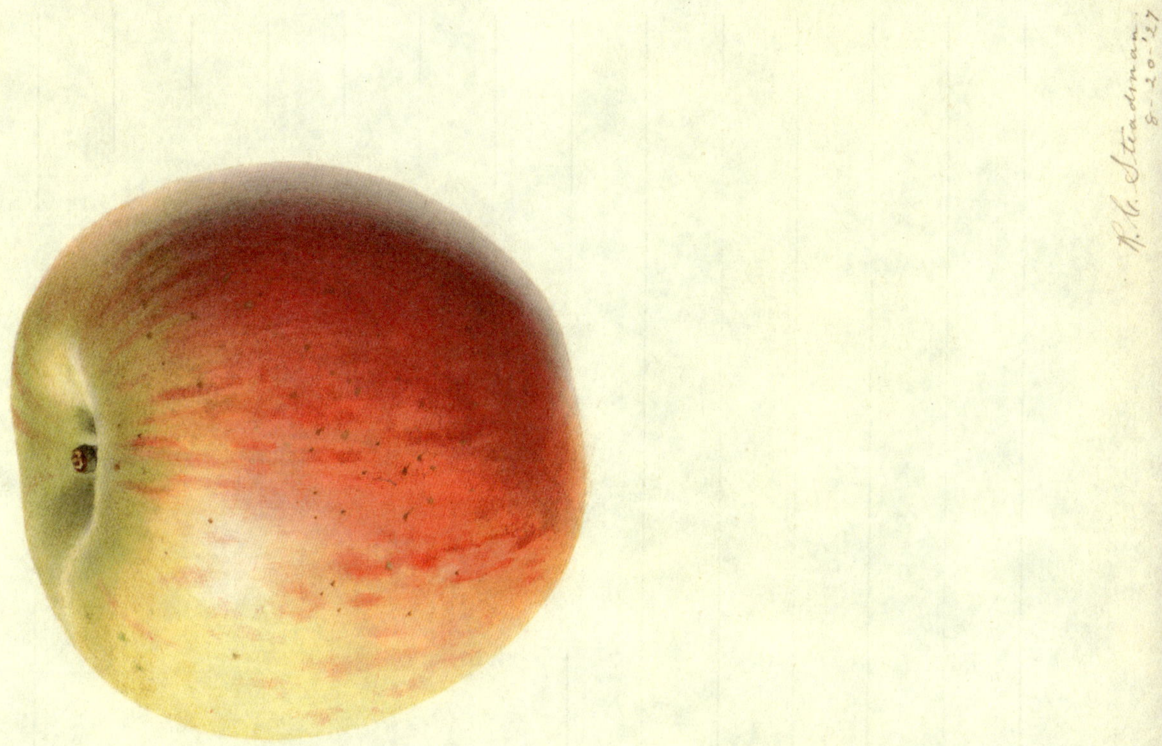
R. C. Steadman
8-20-'27

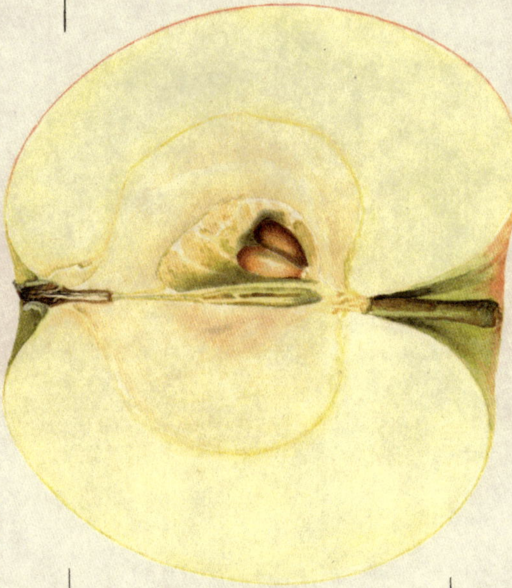

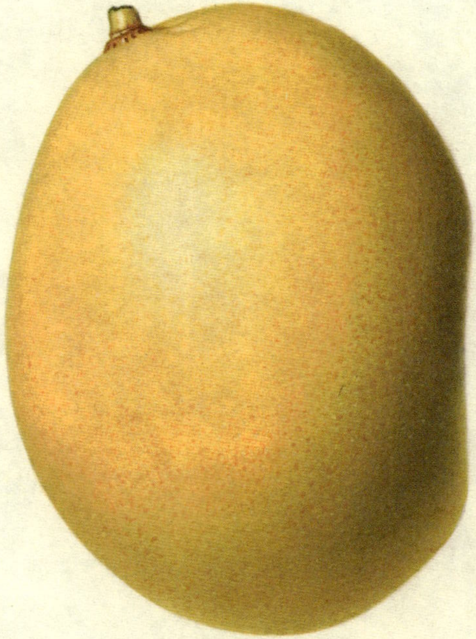

No. 95509.
Pineapple Mango.
Chris Johnson.
Marco, Florida.

R. C. Steadman.
7-6-'18
7-2-'18

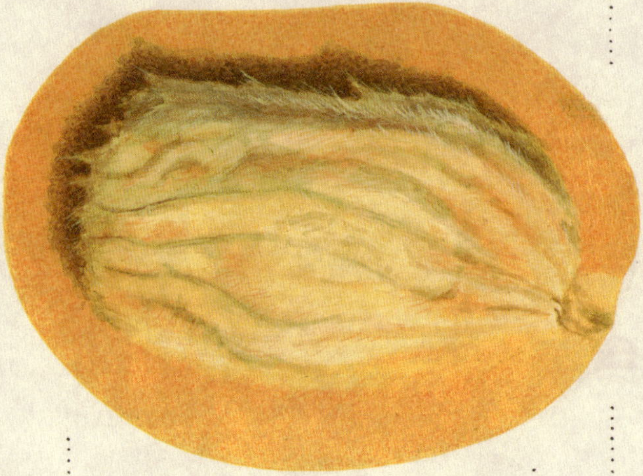

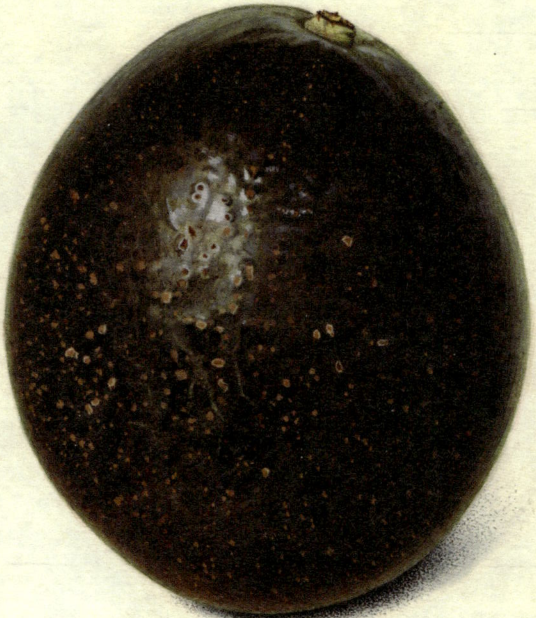

No. 93277. R. C. Steadman.
Challenge. 7-21-'17
Sent in by L. B. Scott. 7-18-'17.
Grown by J. H. Walker, Los Angeles. Cal.

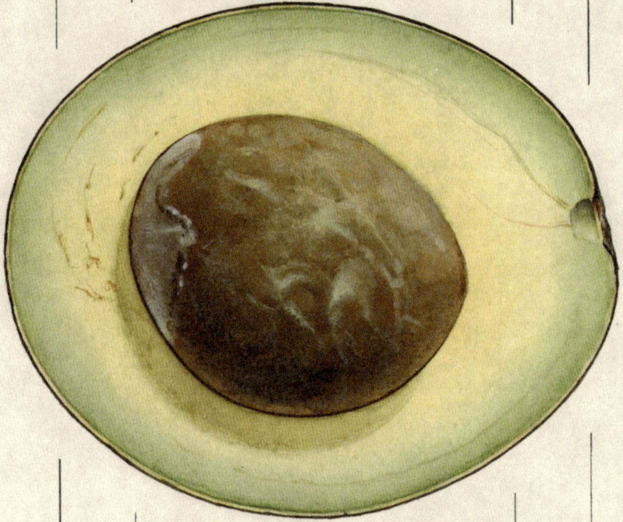

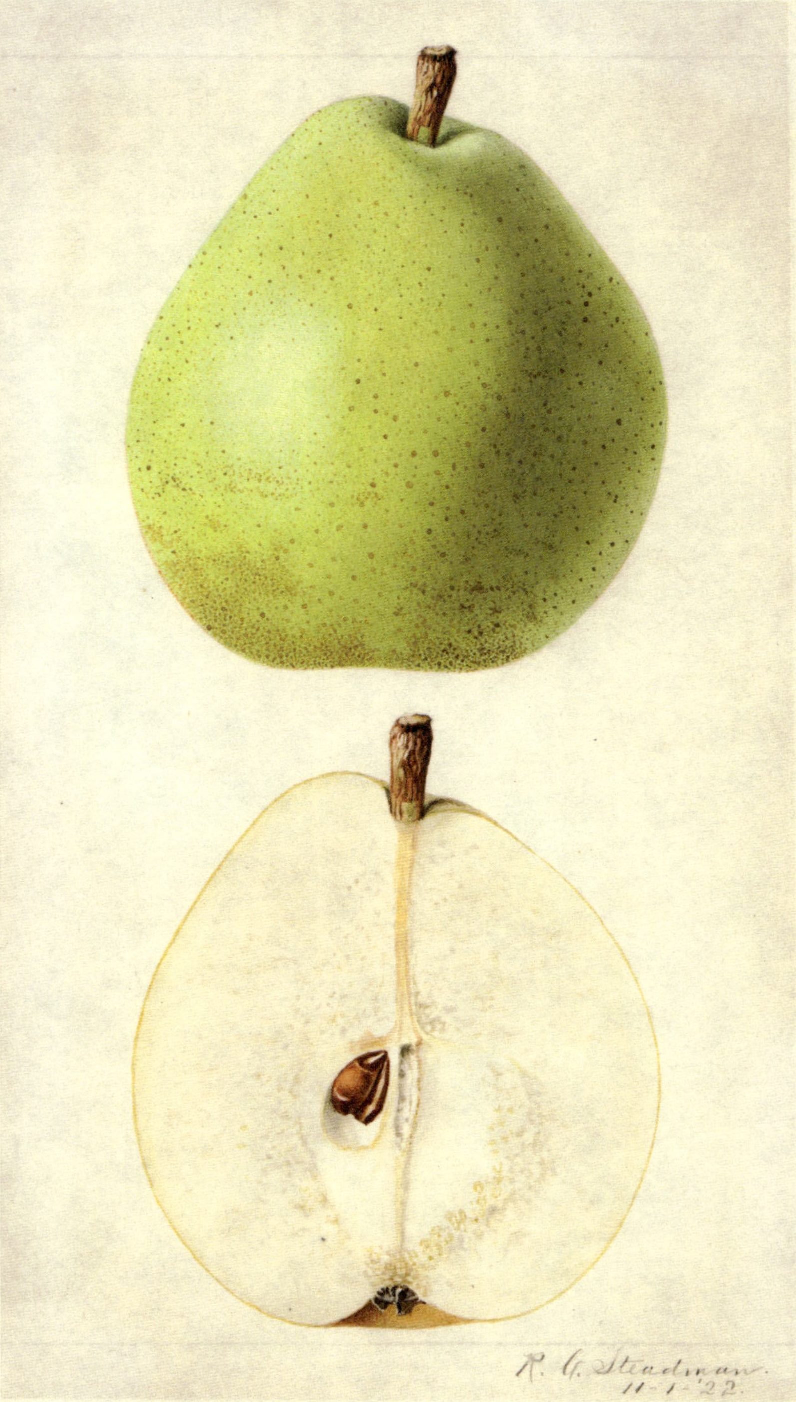
R. G. Steadman.
11-1-'22.

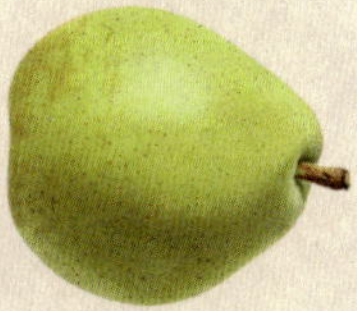

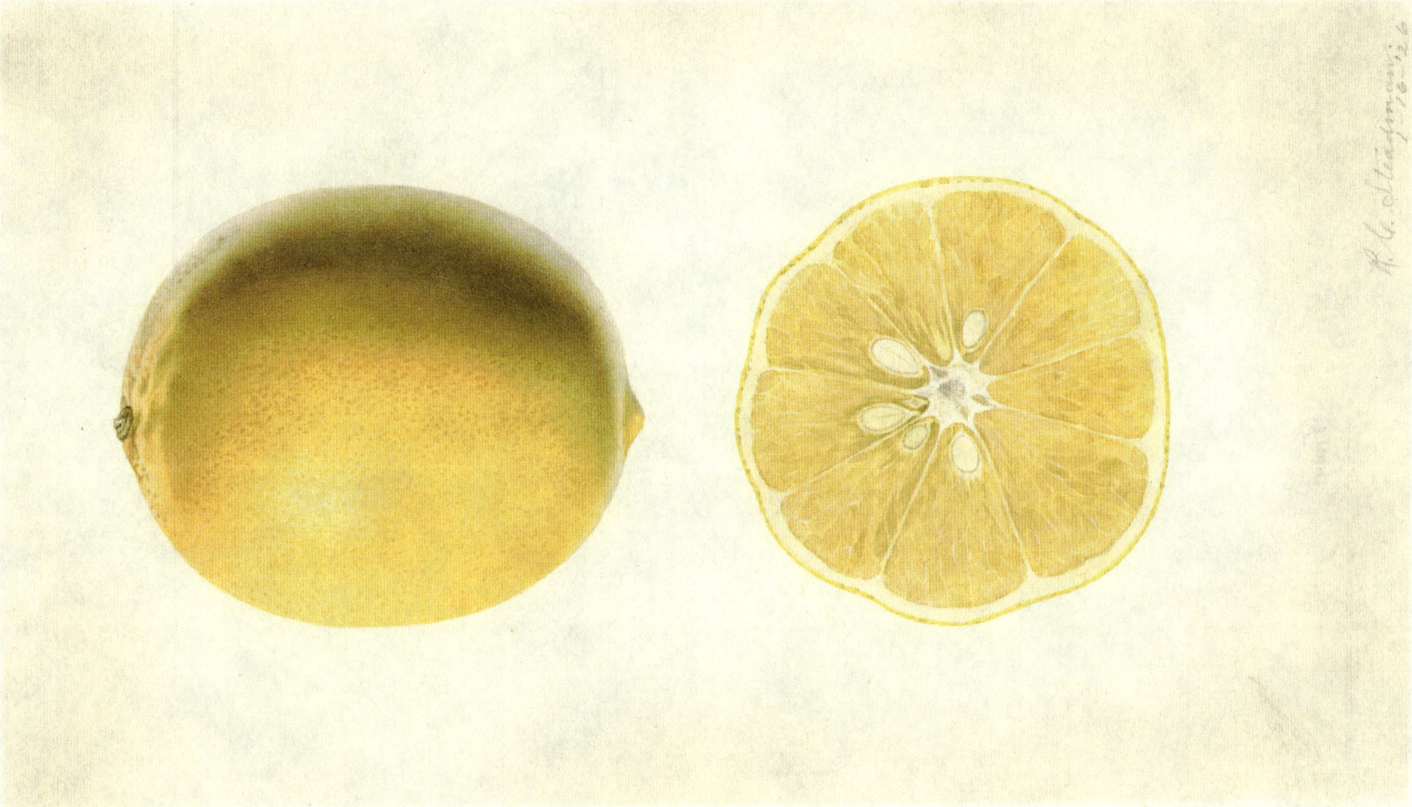

To

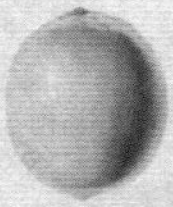

From

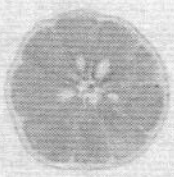

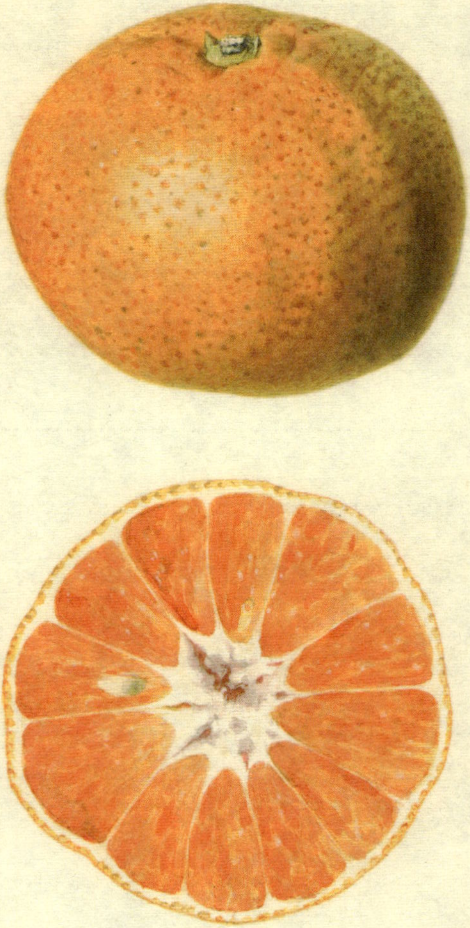

Cured Owari.
Silver Hill, Ala.
for comparison with tree ripened fruit.

R. G. Steadman.
11-20-20.

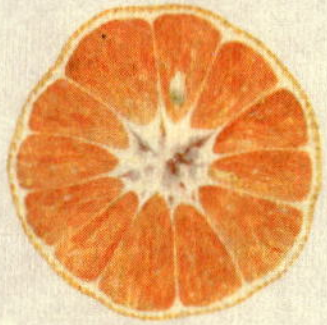

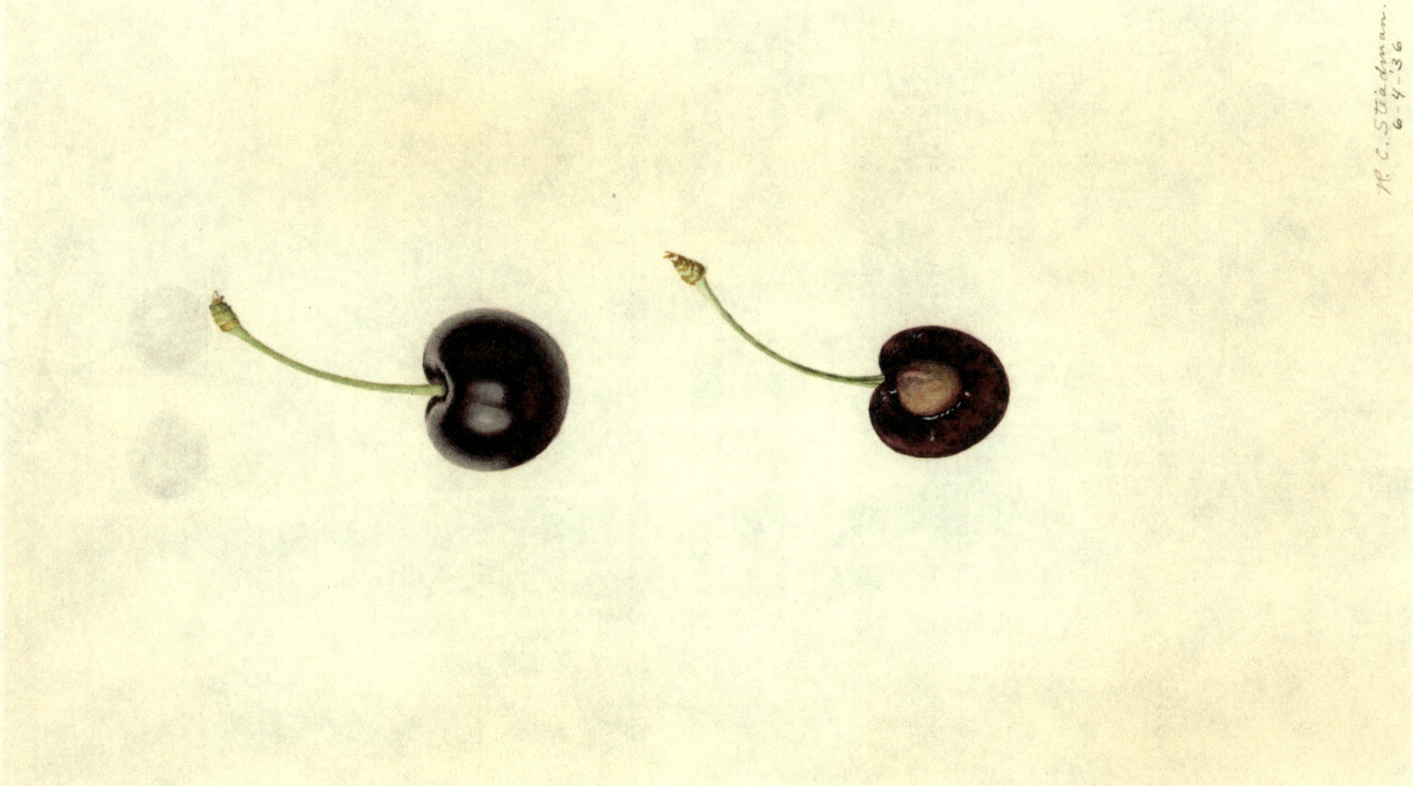
R. C. Steadman.
6-4-'36

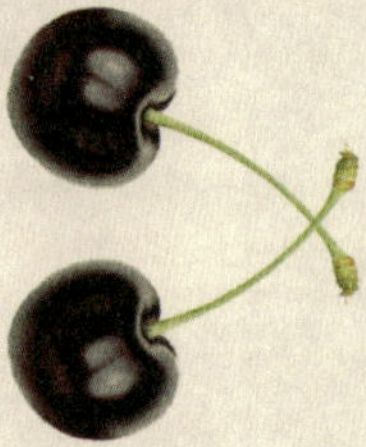

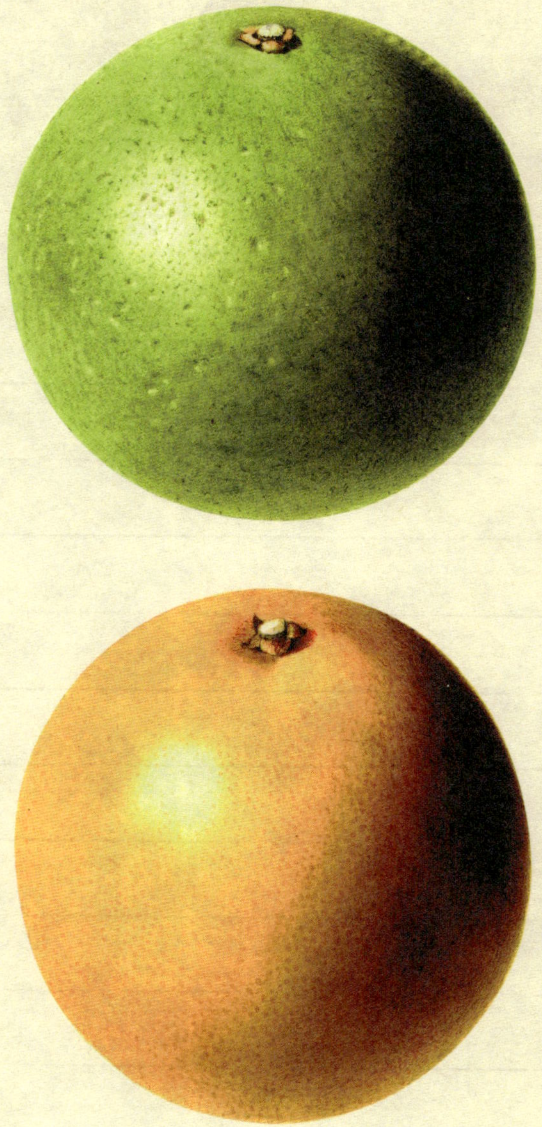

R. C. Steadman.
12-1-'21.

No. 100550
Cured and uncured Parson Brown oranges.
Orlando, Fla.

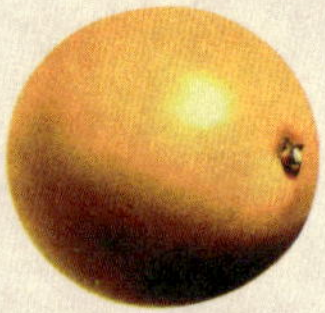

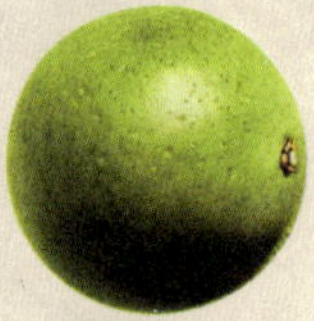

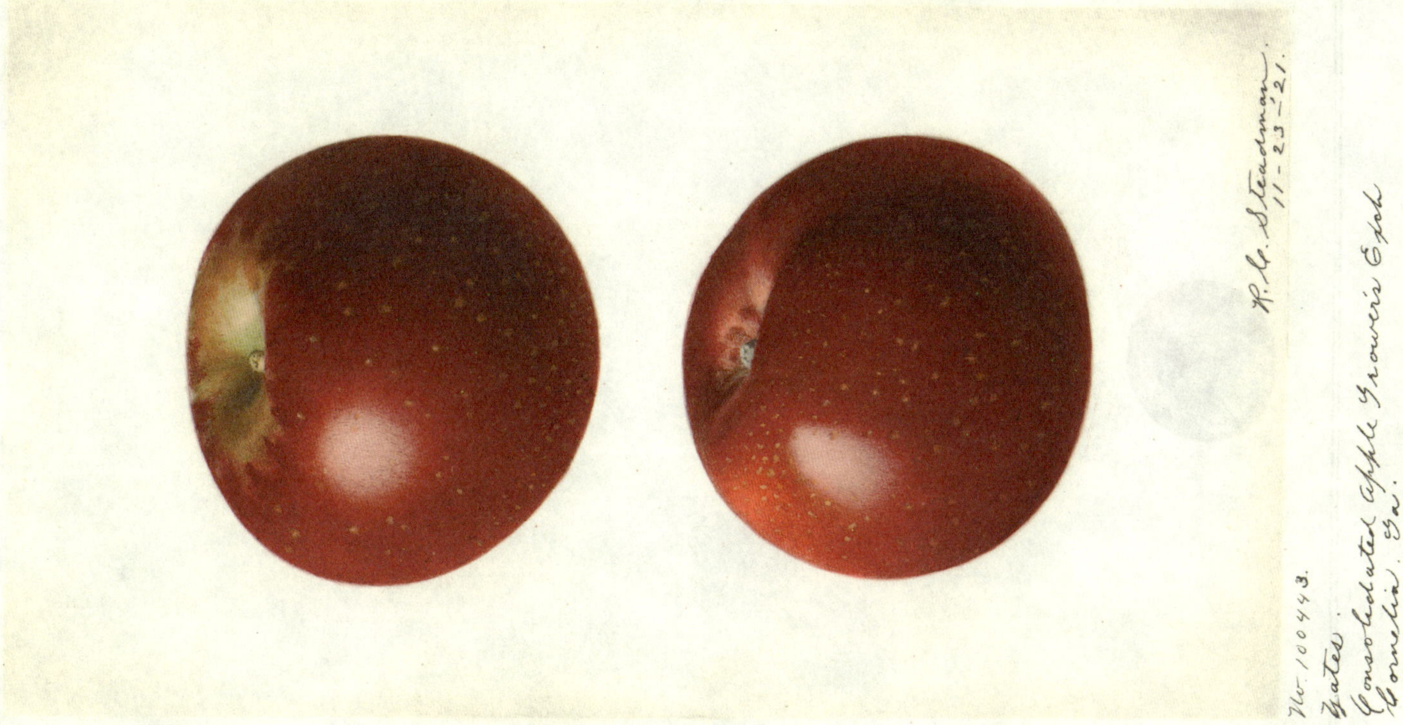
R. C. Steadman
11-23-'21.
No. 100443.
Yates.
Consolidated Apple Grower's Exch
Cornelia, Ga.

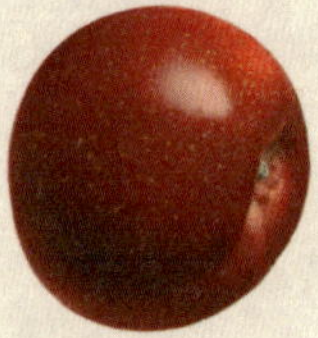

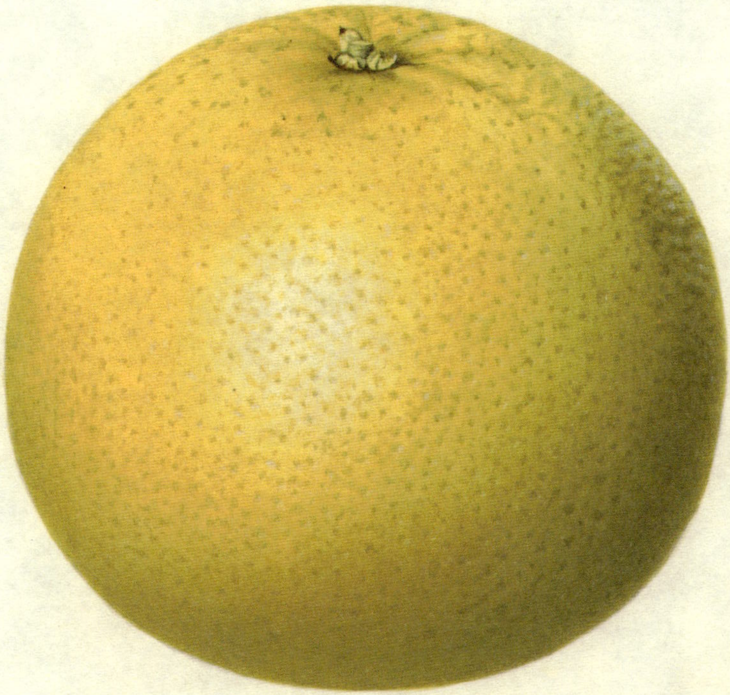

No. 96625
Marsh.
J. E. Cutler
Riverside, Cal.

R. C. Steadman.
1-16-'19
12-30-'18

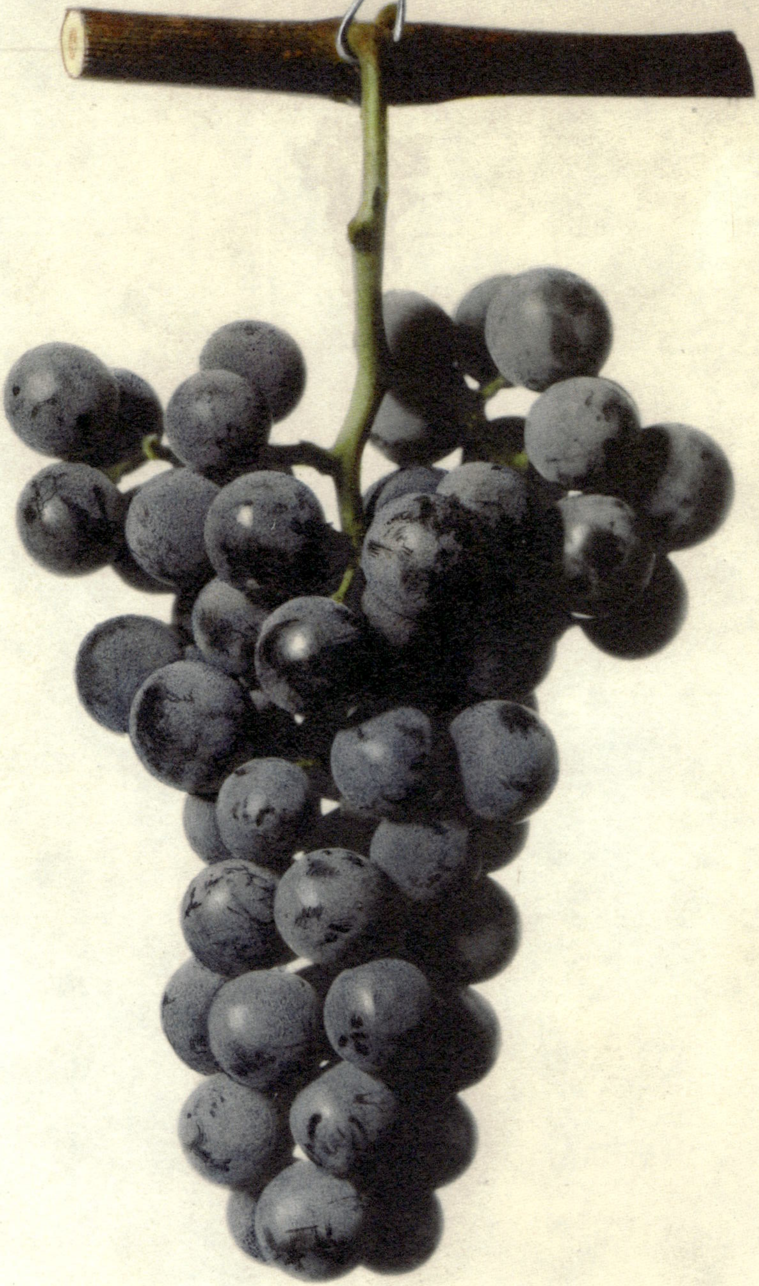
R. C. Steadman
Rockwood

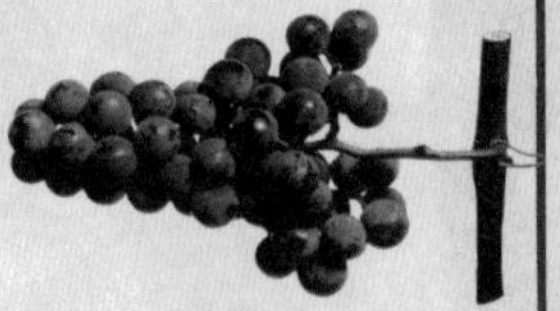

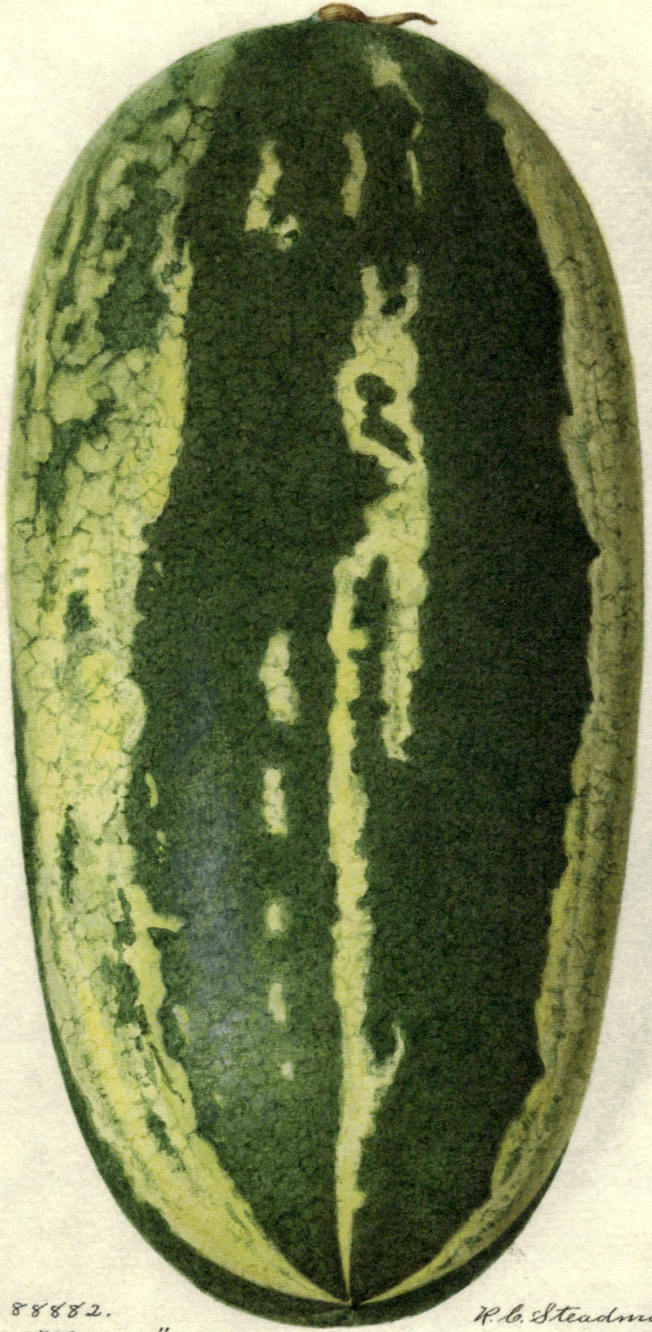

No. 88882. R. C. Steadman.

"Tom Watson." 7-1-'16

Dr. Shoemaker. 6-28-'16

Bought in Center Market.

1/3rd size.

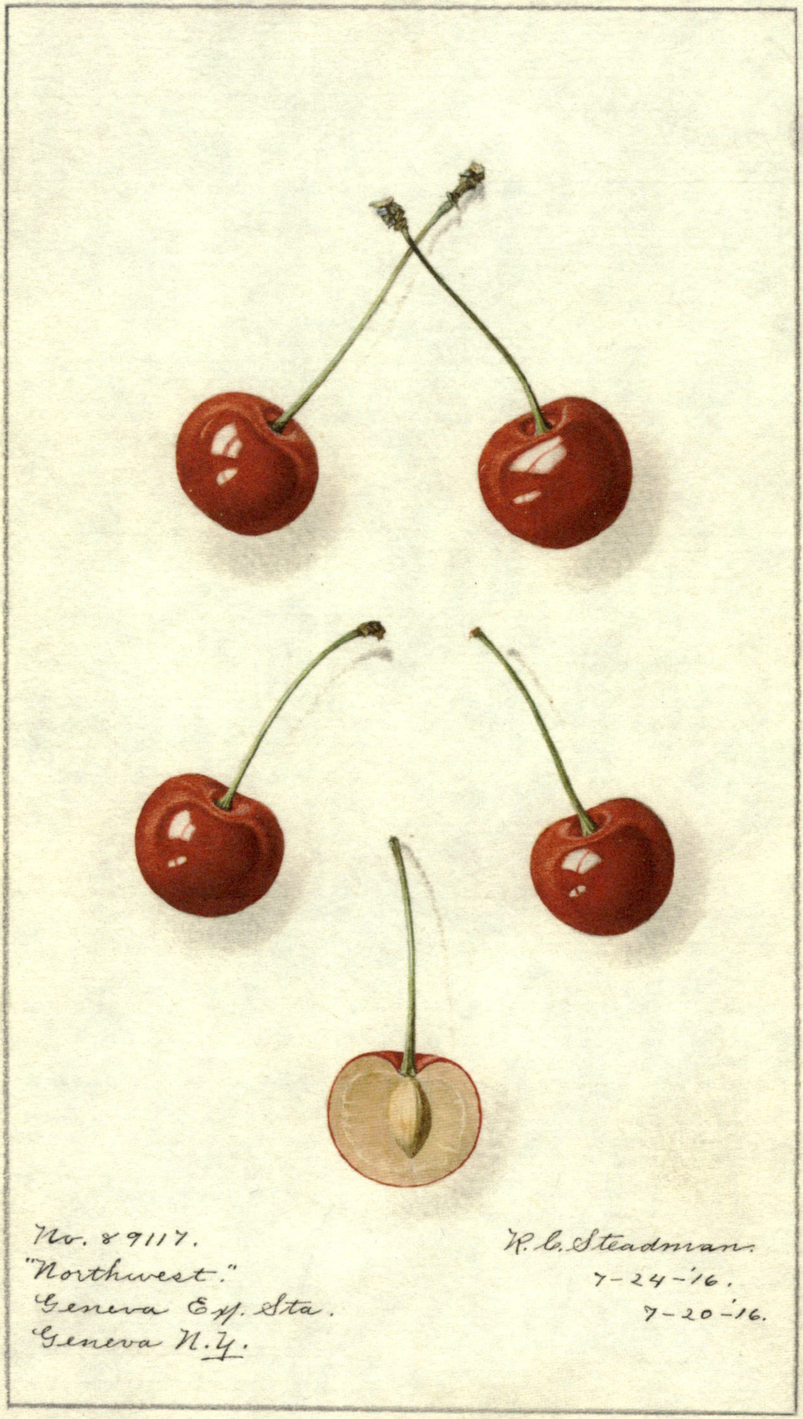
No. 89117.
"Northwest."
Geneva Exp. Sta.
Geneva N.Y.
R.C. Steadman.
7-24-'16.
7-20-'16.

To

From

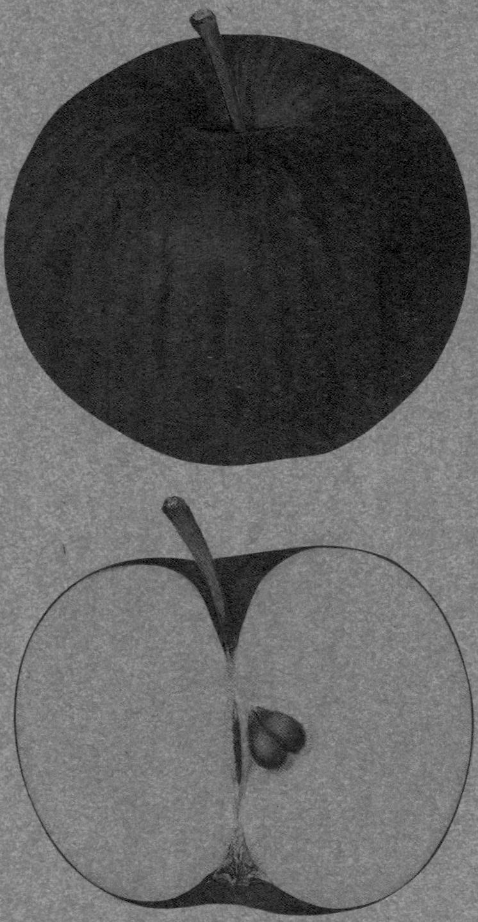

105183

Okabena.

Arlington Farm,

Va.

Mary D. Arnold

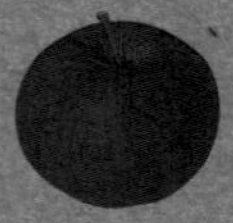

To

....

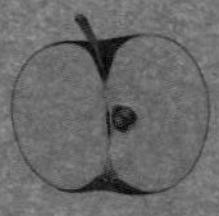

From

....

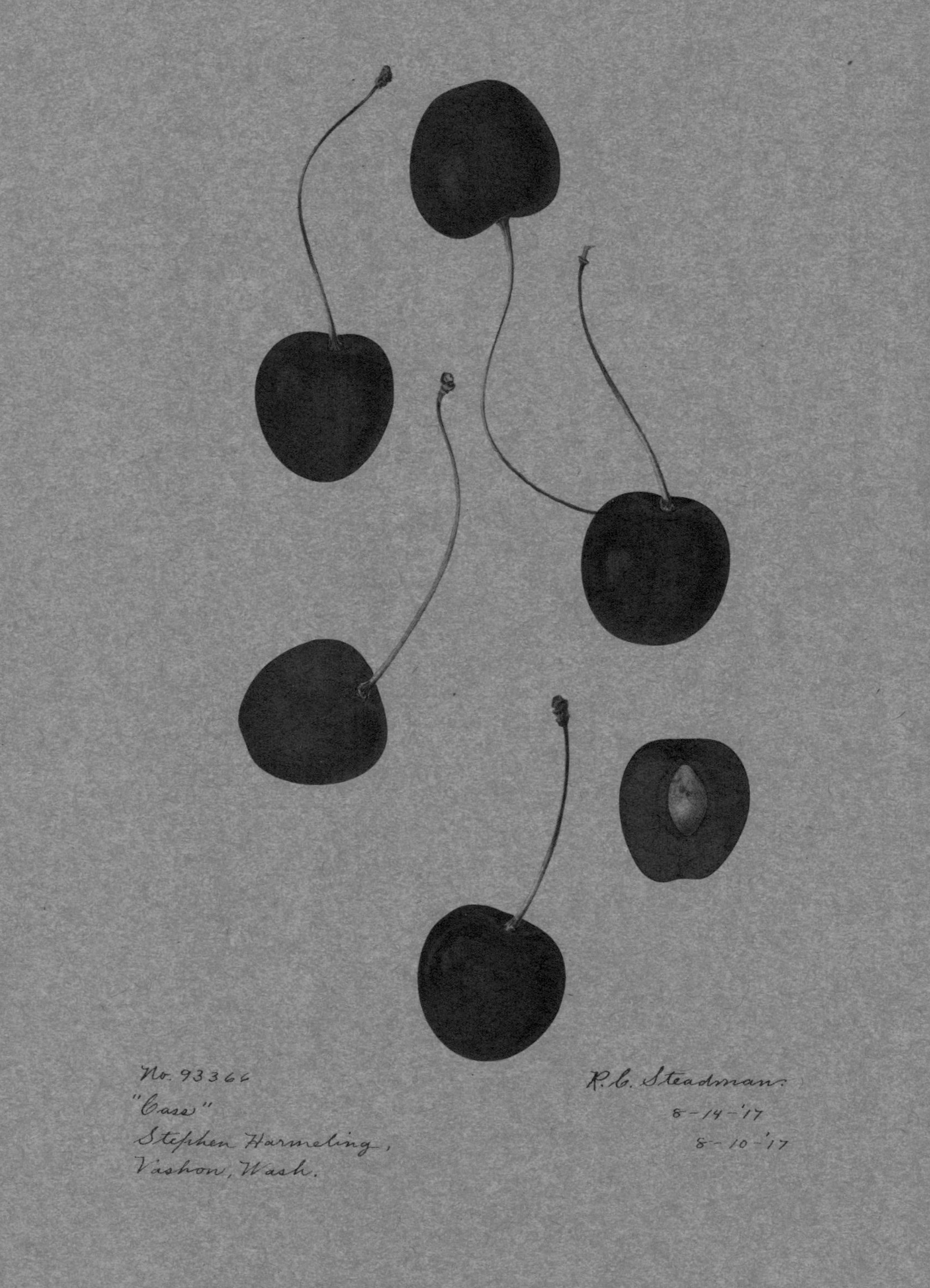

No. 93366
"Case"
Stephen Harmeling,
Vashon, Wash.
R. C. Steadman.
8-14-'17
8-10-'17

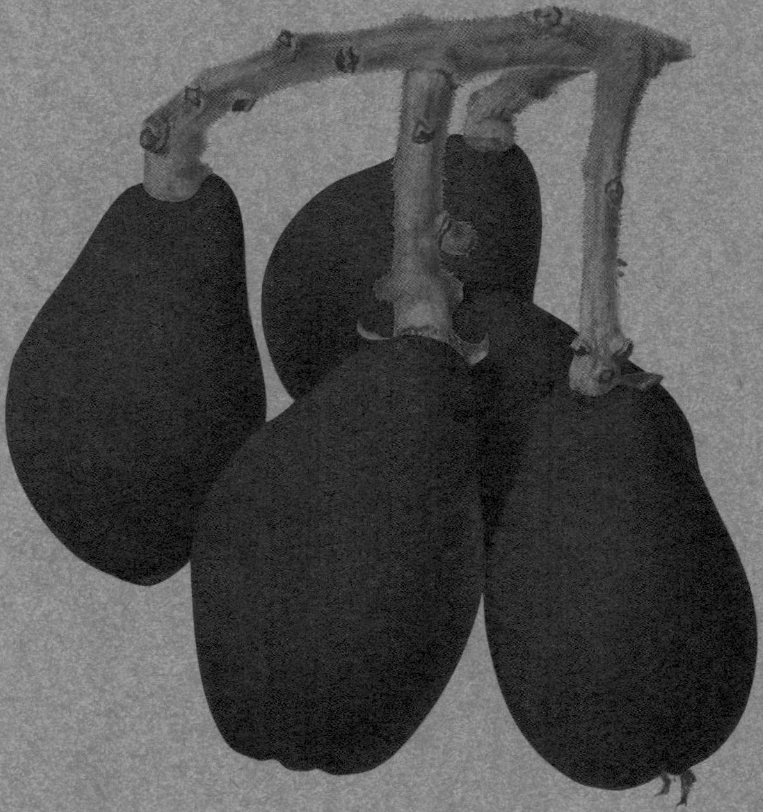

No. 96797.
Champagne.
C. P. Taft.
Orange, Calif.

R. C. Steadman.
5-28-'19
5-24-'19

To

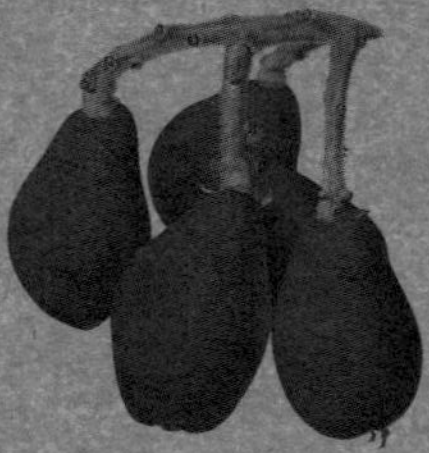

From

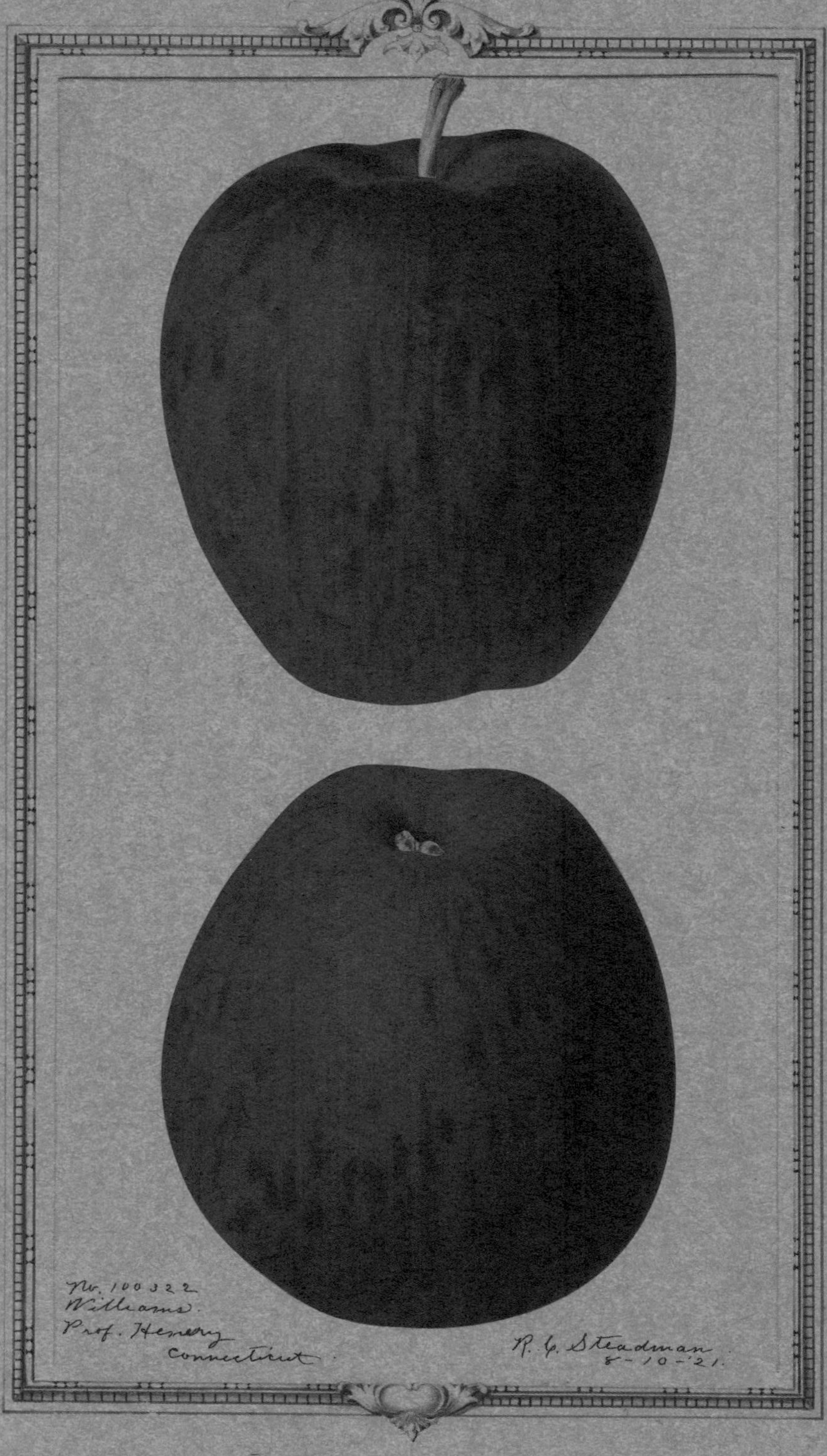
No. 100322
Williams.
Prof. Henry
Connecticut.
R. C. Steadman
8-10-'21.

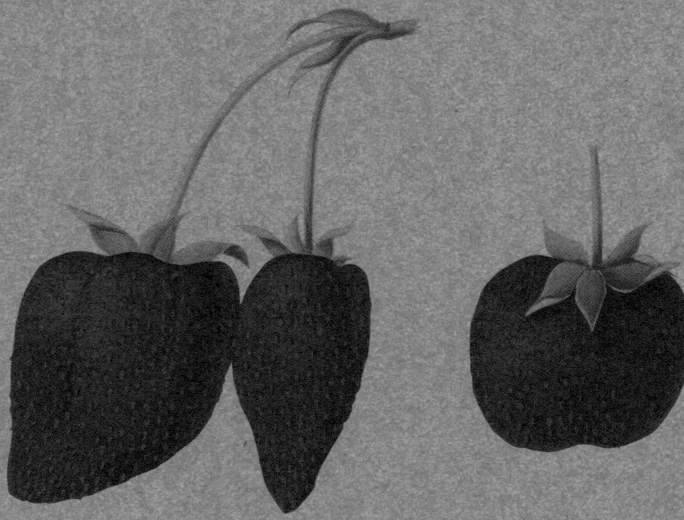

Columbian #2940
R. H. C. Mitchell
Fruitland
Gibson County Tenn.
May 19th 1892

Columbian

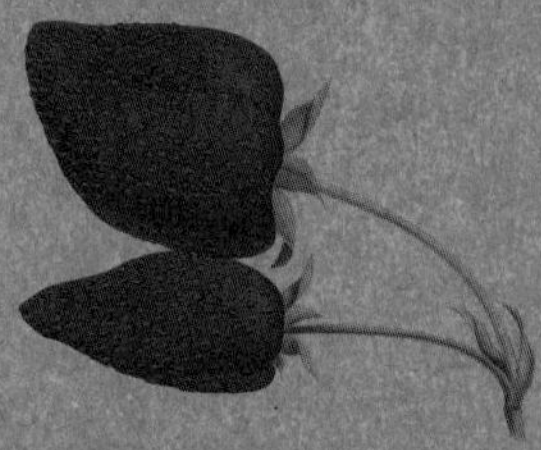

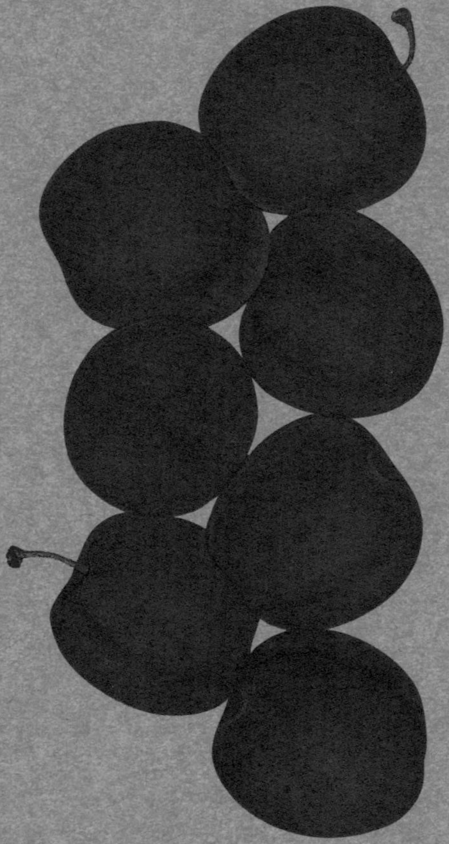

Coletto (*Prunus Chicasa*)

G Onderdonk
Nursery
Victoria co Tex

#X 720 1/2

Page 102 #1

23429
"Shimo-Maru"
J. S. Breece,
Fayetteville
Cumberland Co., N. C.
11/11/01

B. Heiges
11/26/01

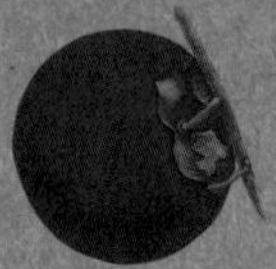

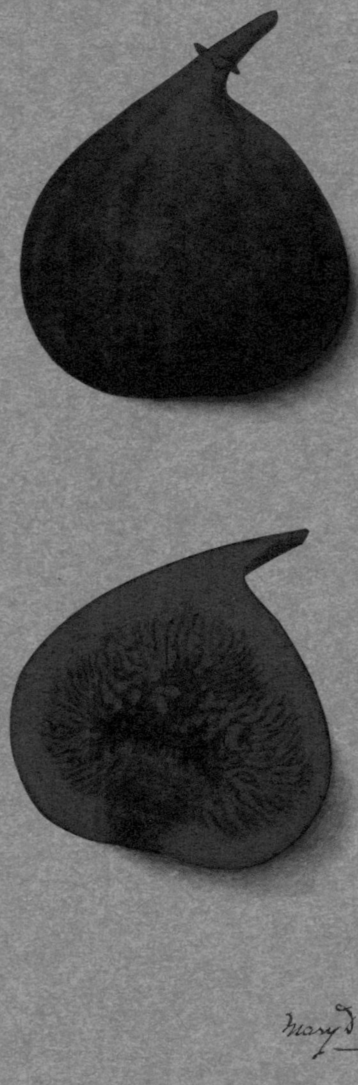

84817

Nameless

L. E. Hall

Hattiesburg,

Miss.

Mary D. Arnold

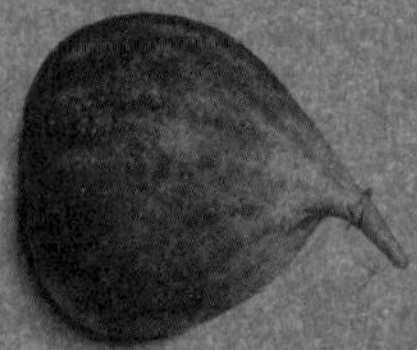

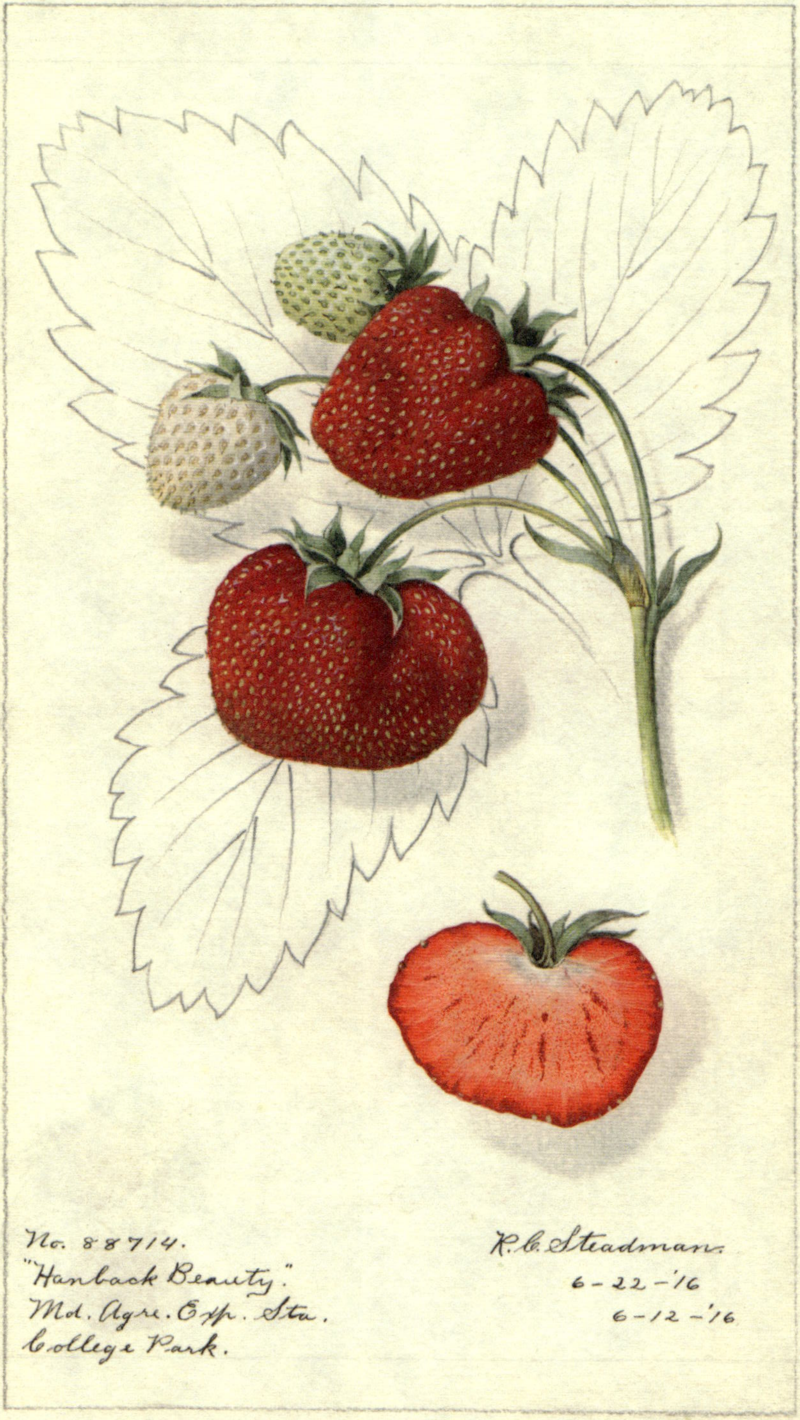
No. 88714.
"Hanback Beauty".
Md. Agrc. Exp. Sta.
College Park.
R.C. Steadman.
6-22-'16
6-12-'16

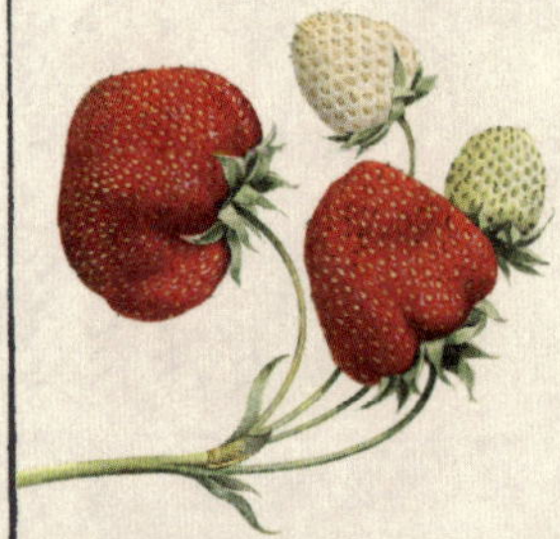

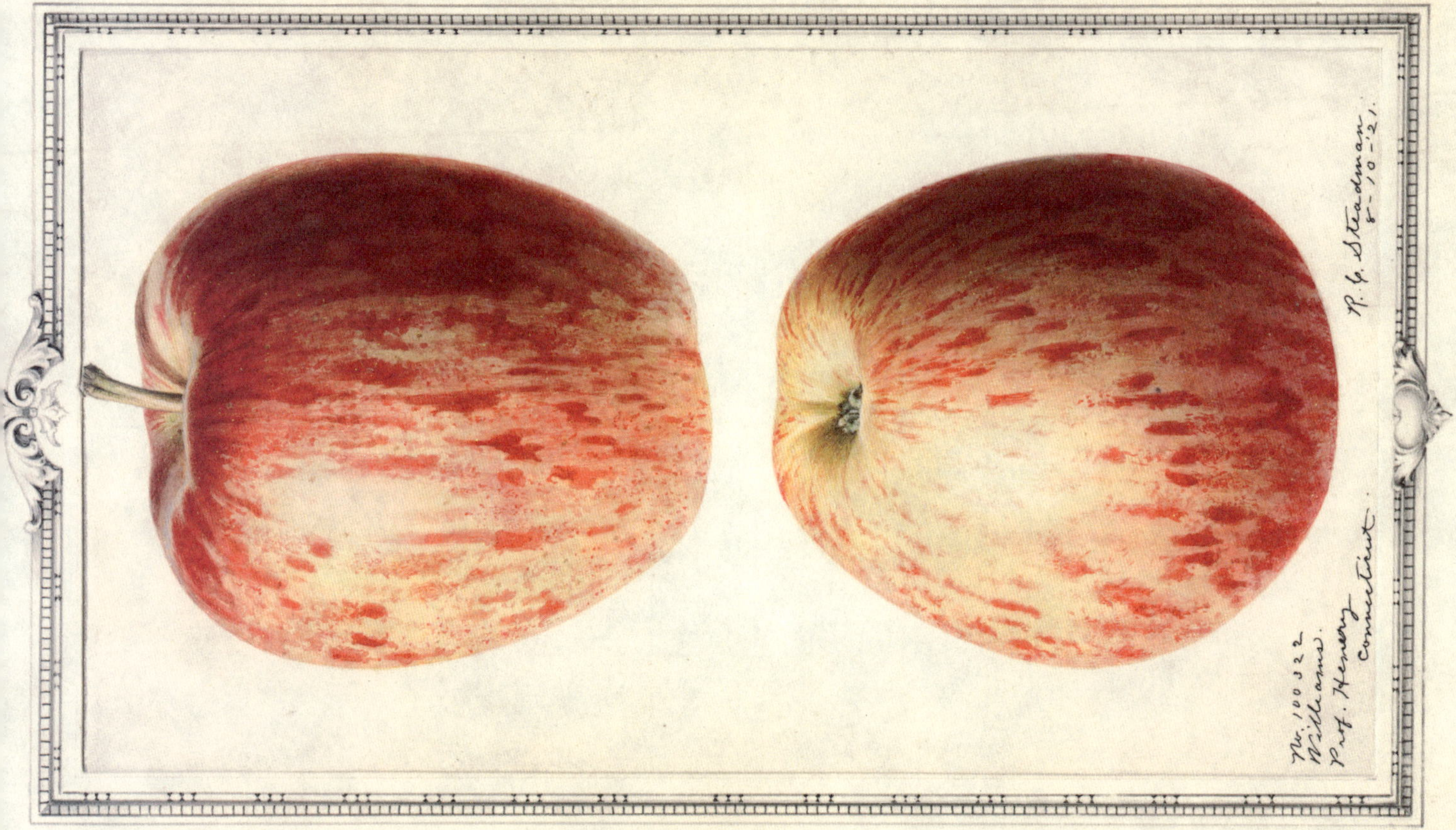
No. 100322
Williams.
Prof. Henery
Connecticut
R. G. Steadman
8-10-'21.

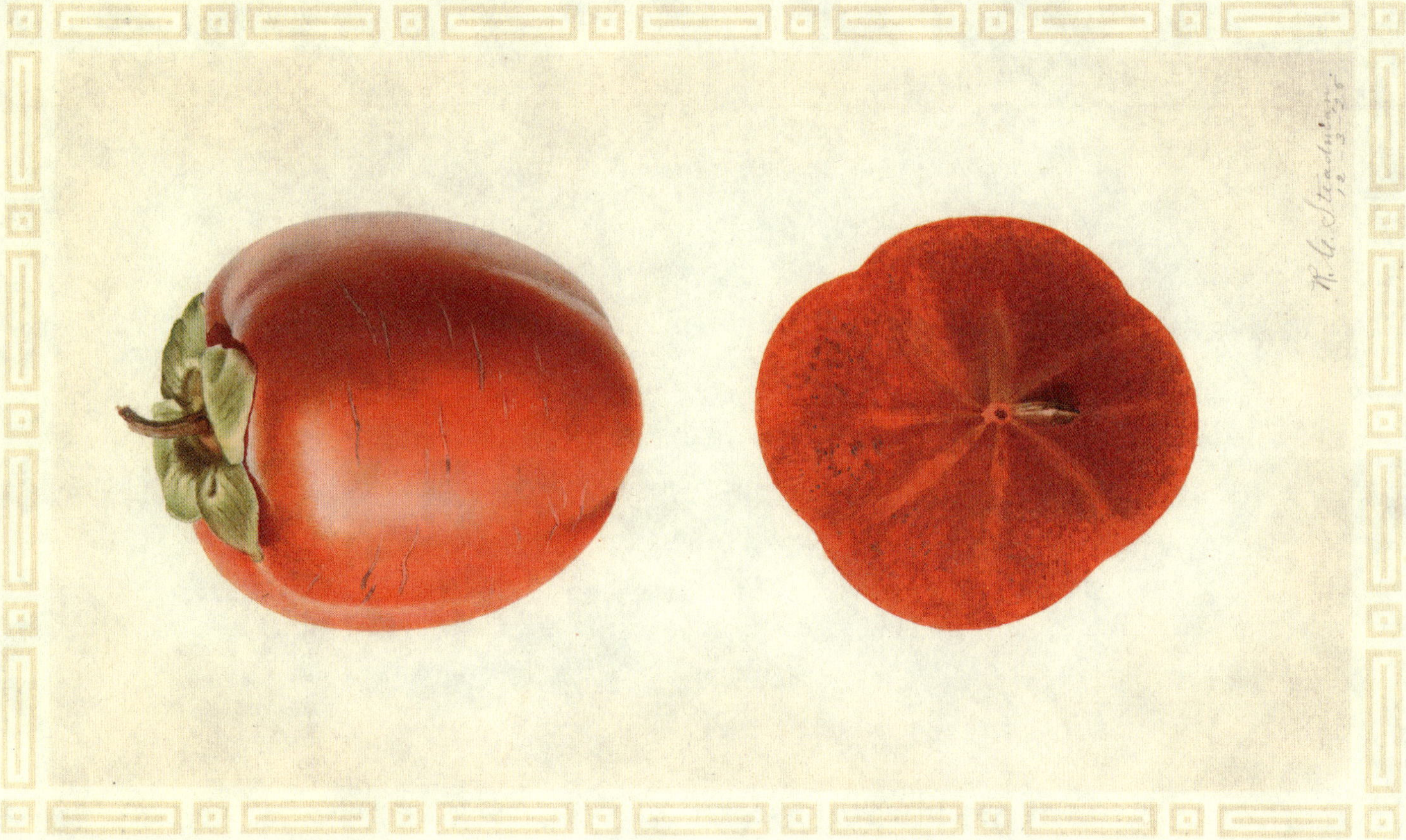
R. C. Steadman
12-3-26

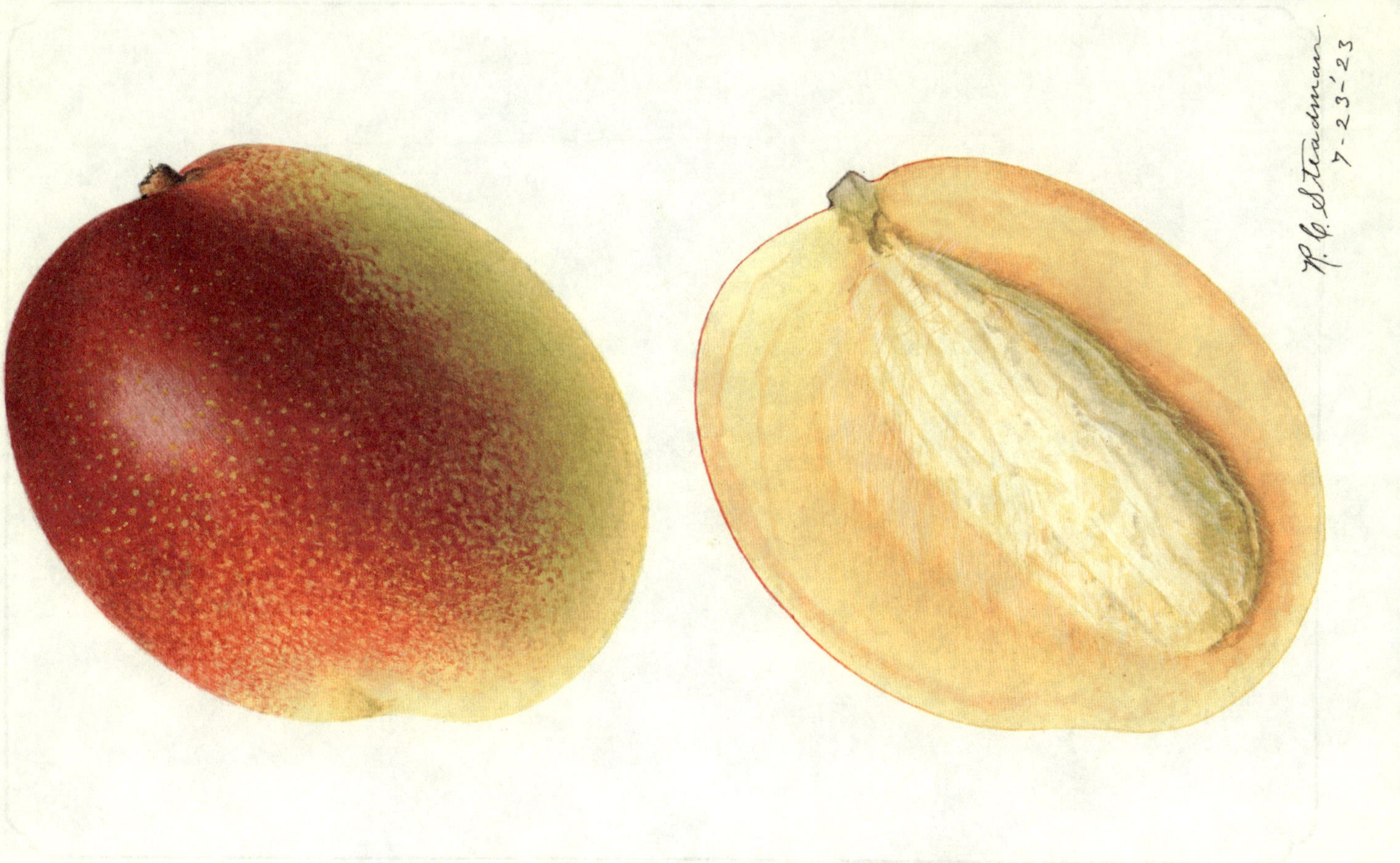
R. C. Steadman
7-23-'23

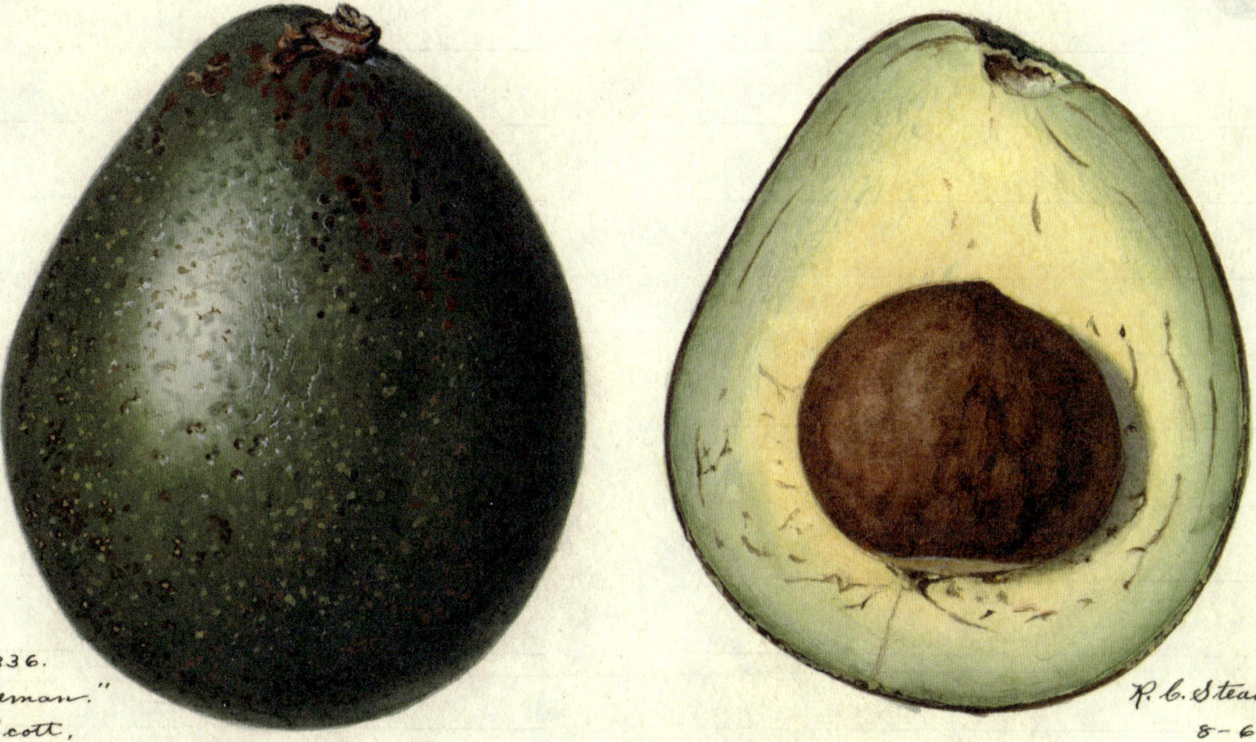

No. 93336.
"Blakeman."
L. B. Scott,
E. L. Dickey, Hollywood, Caly.

R. C. Steadman.
8-6-'17
7-31-'17

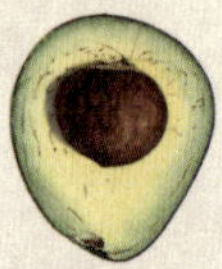

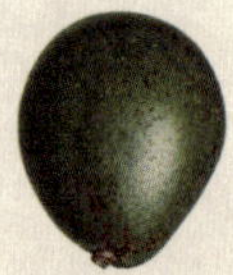

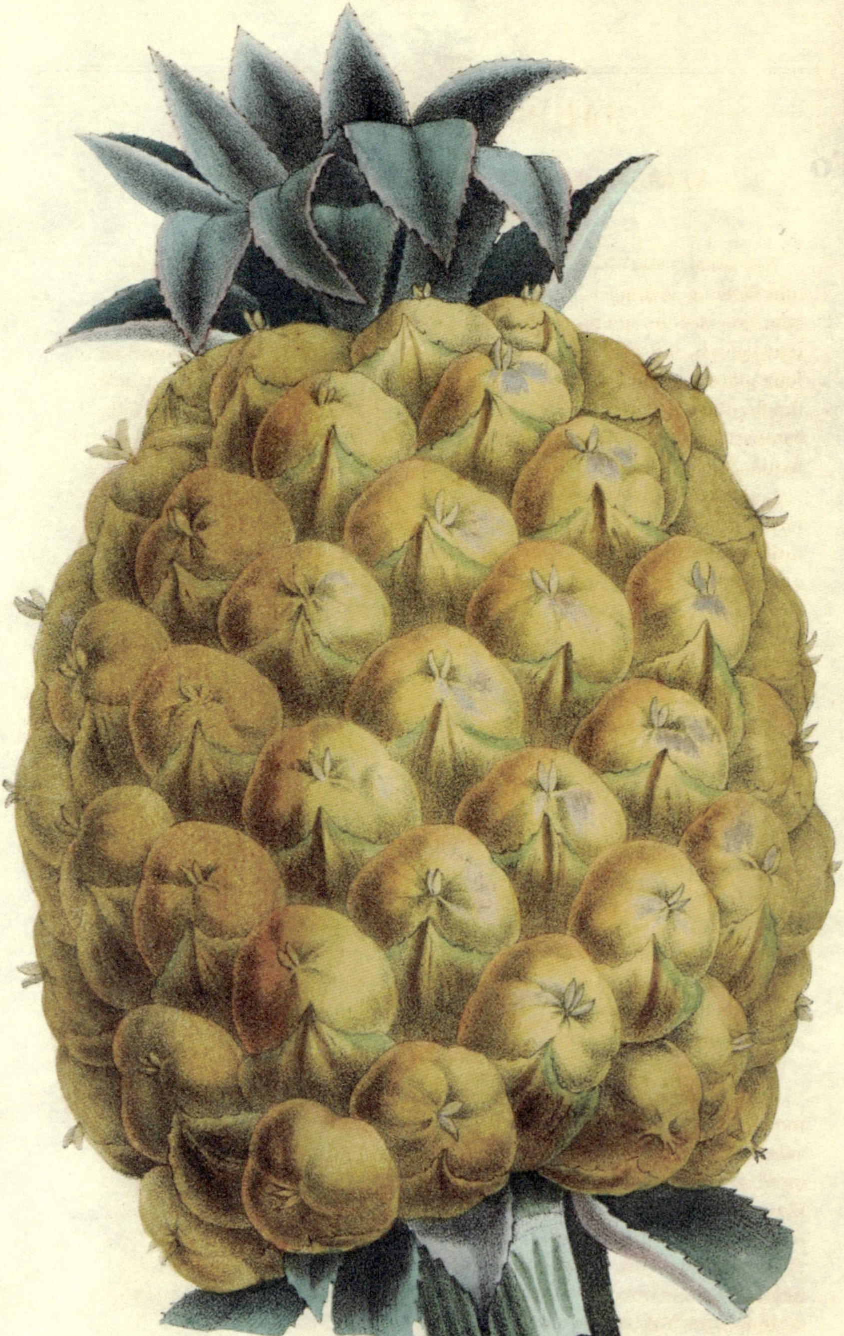

Ananas d'Otahiti

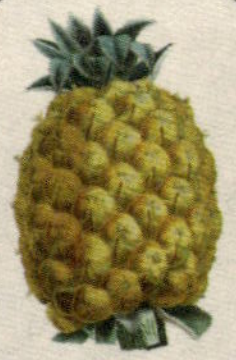

To

From

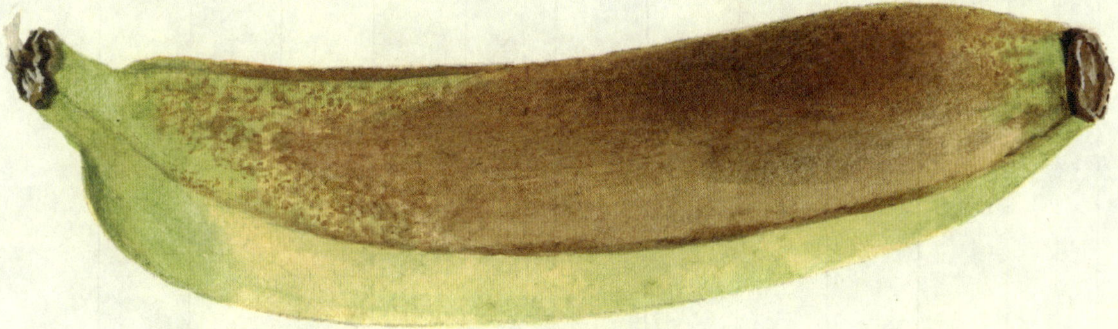

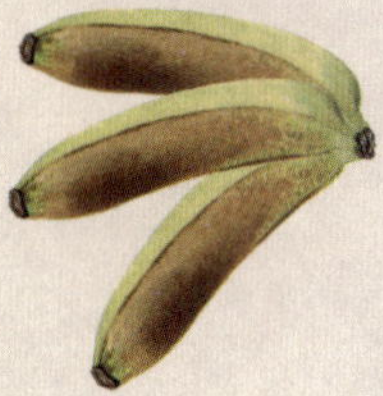

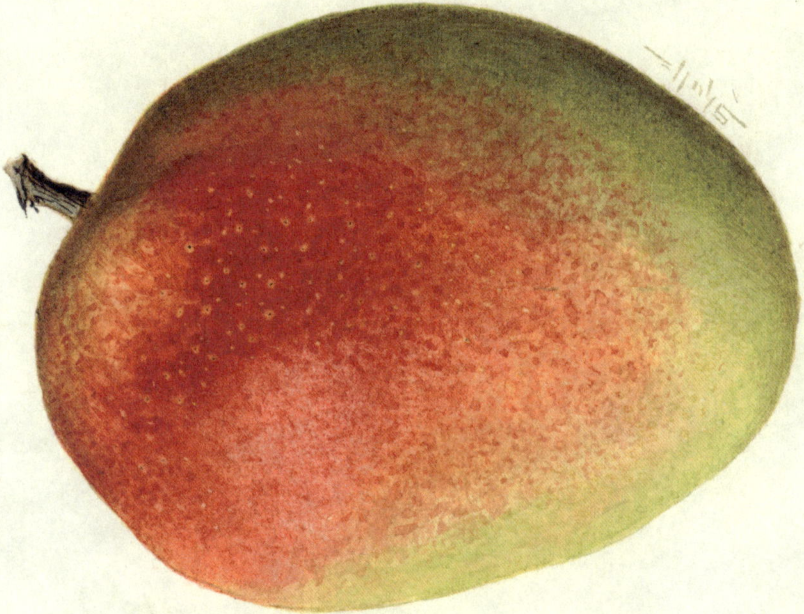

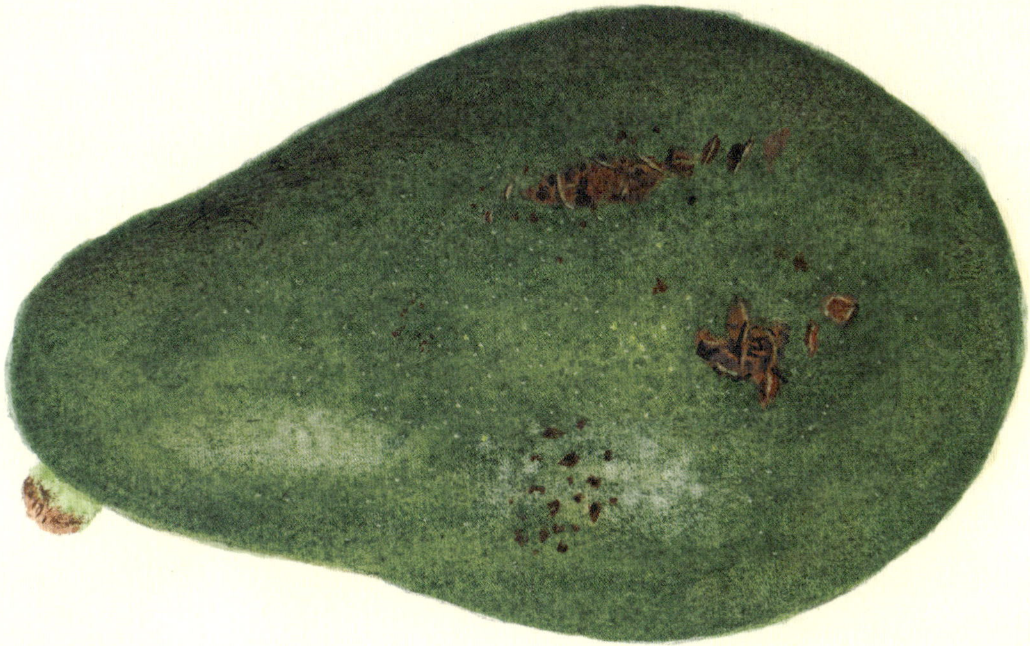

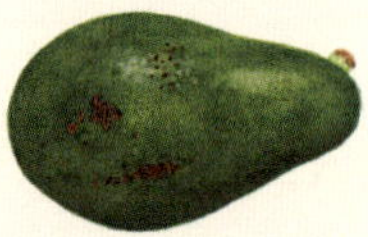

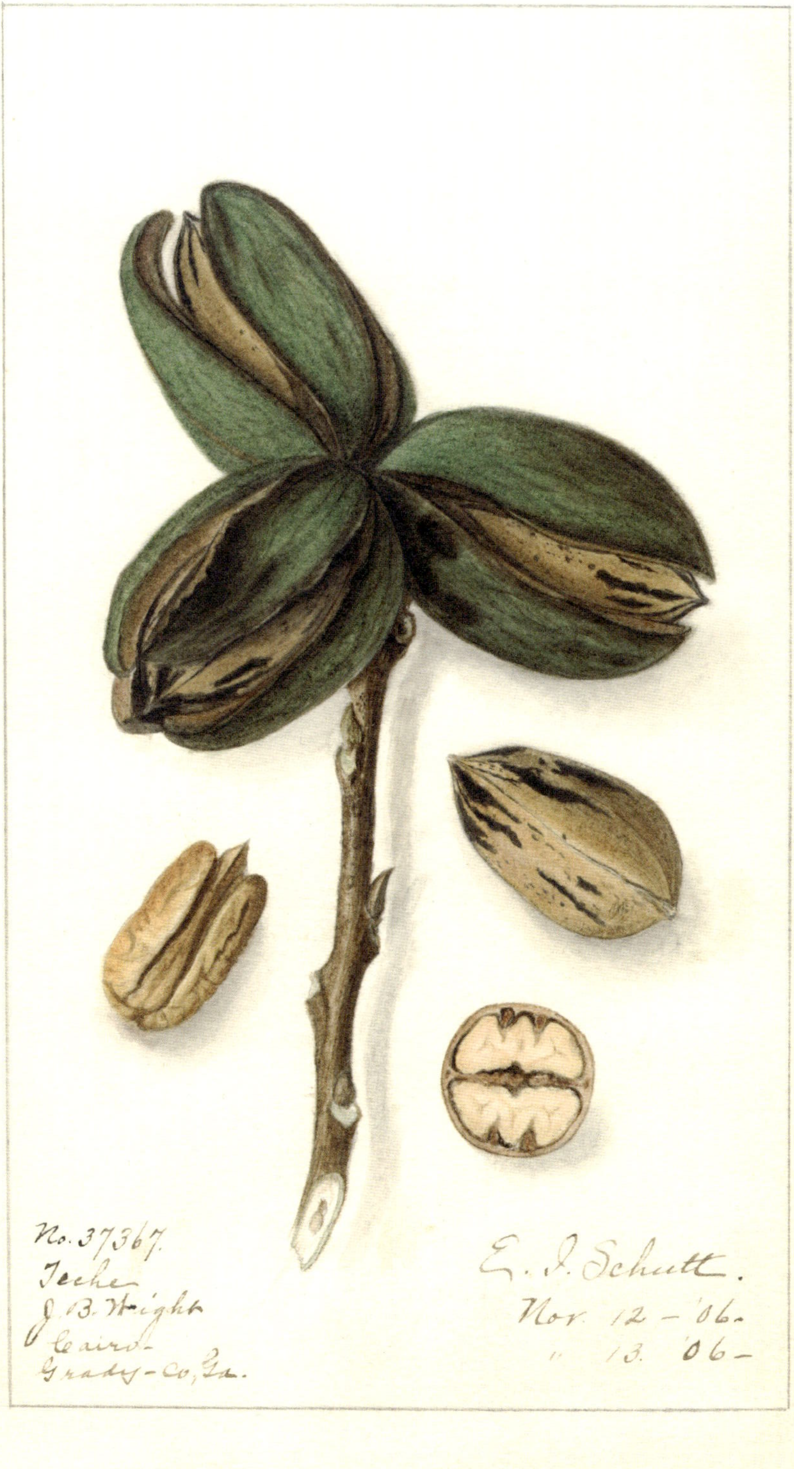
No. 37367.
Teche
J. B. Wright
Cairo
Grady-Co, Ga.
E. I. Schutt.
Nov. 12 - '06.
" 13. '06-

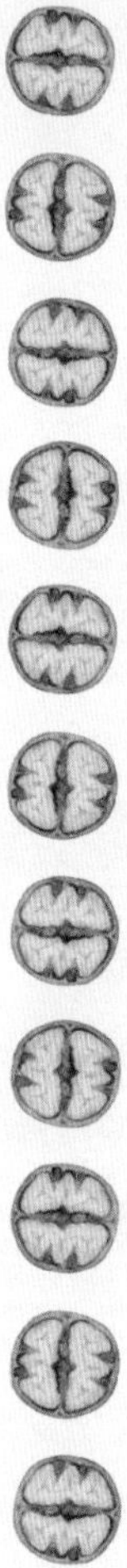

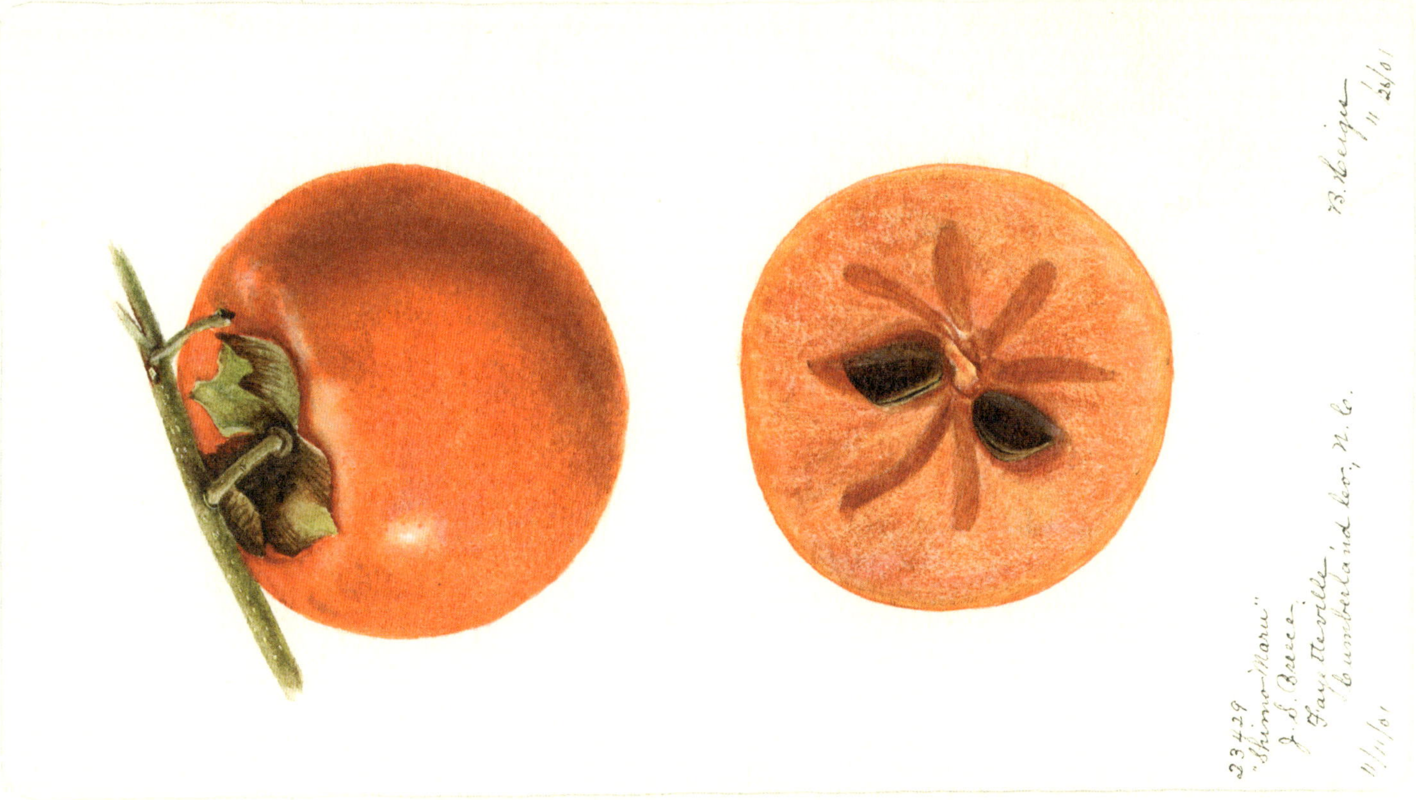
23429
"Shimo-Maru"
J. S. Breece
Fayetteville
Cumberland Co., N. C.
11/1/01
B. Heiges
11/26/01

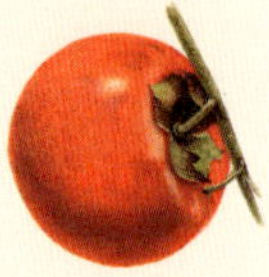

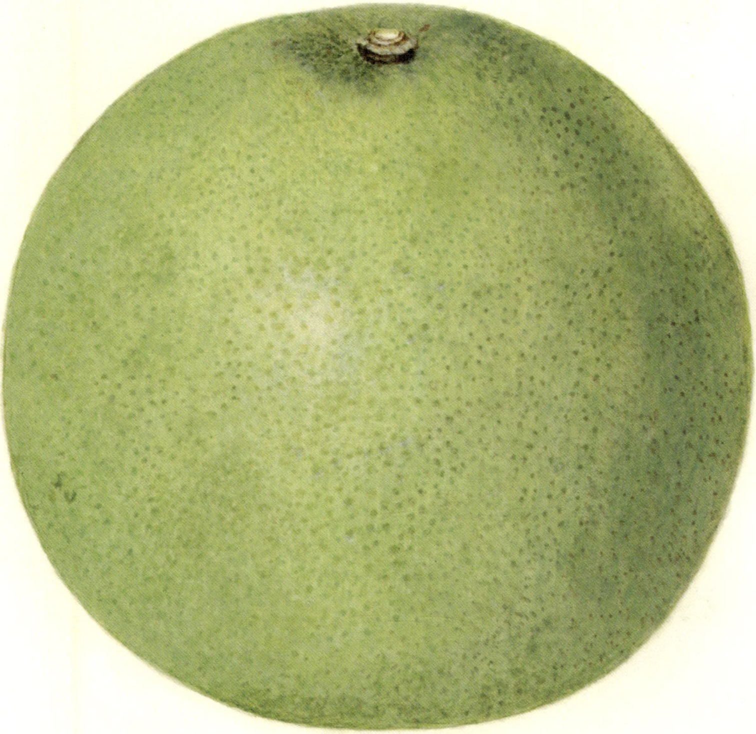

Common Fla. Grape fruit
Tree 4. Row 40
Picked Aug. 25, and held in storage
Onedora Grove
Fla.

A. A. Newton
9-4-1919

To

From

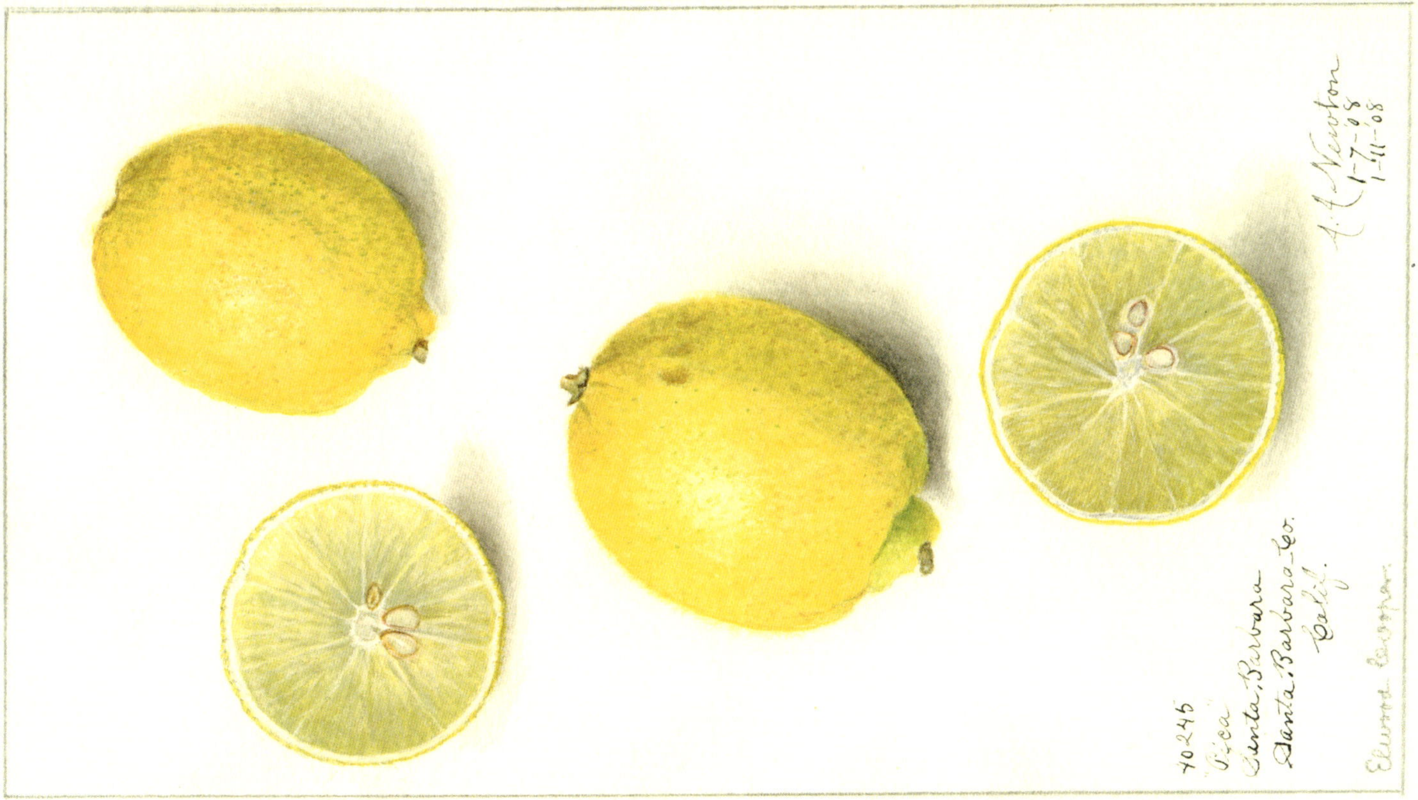

70245
Santa Barbara
Santa Barbara Co.
Calif.
Elwood Cooper
A. A. Newton
1-7-08
1-11-08

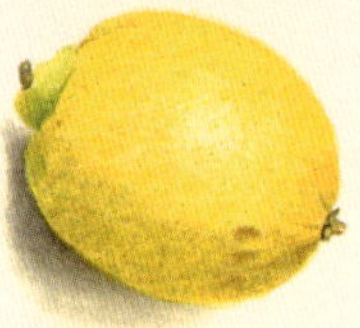

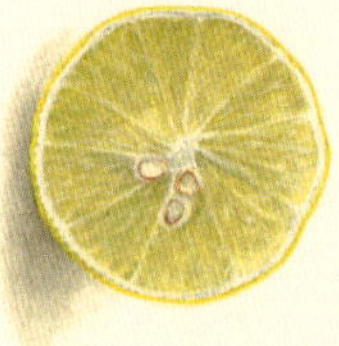

T. 7. N°. 22.

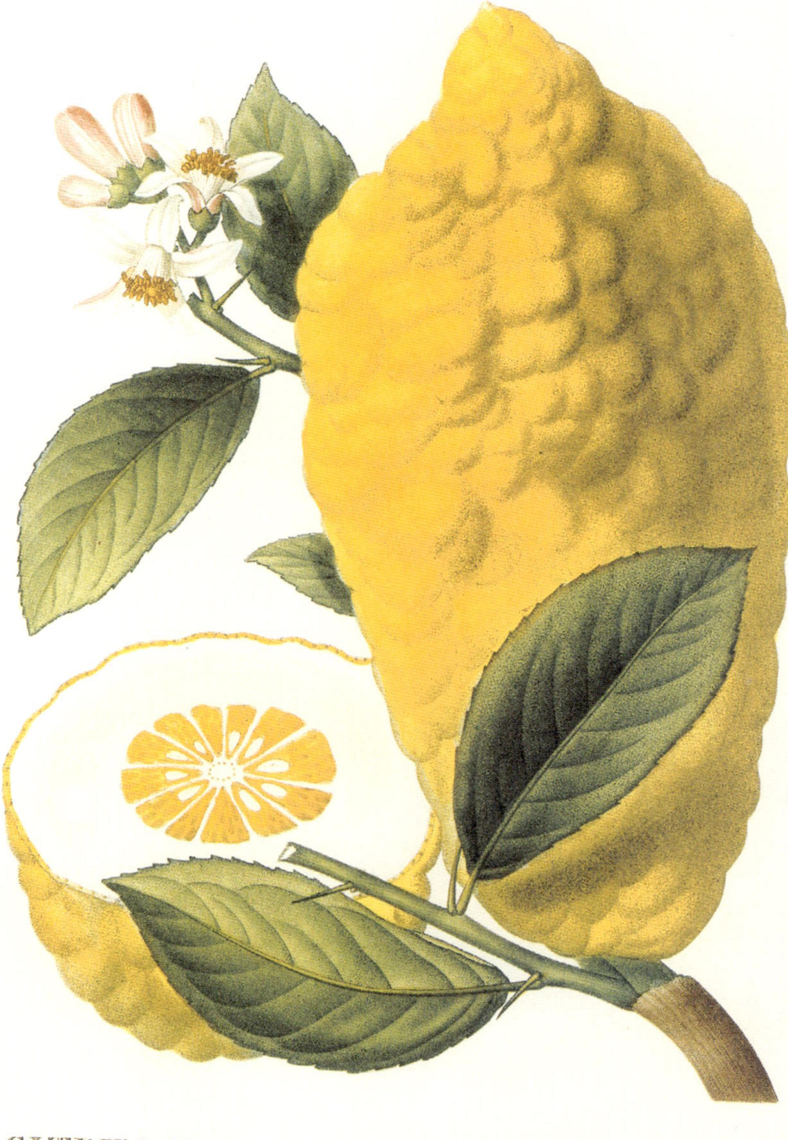

CITRUS Medica. CITRONIER de Médie.

P. Bessa pinx. Gabriel sculp.

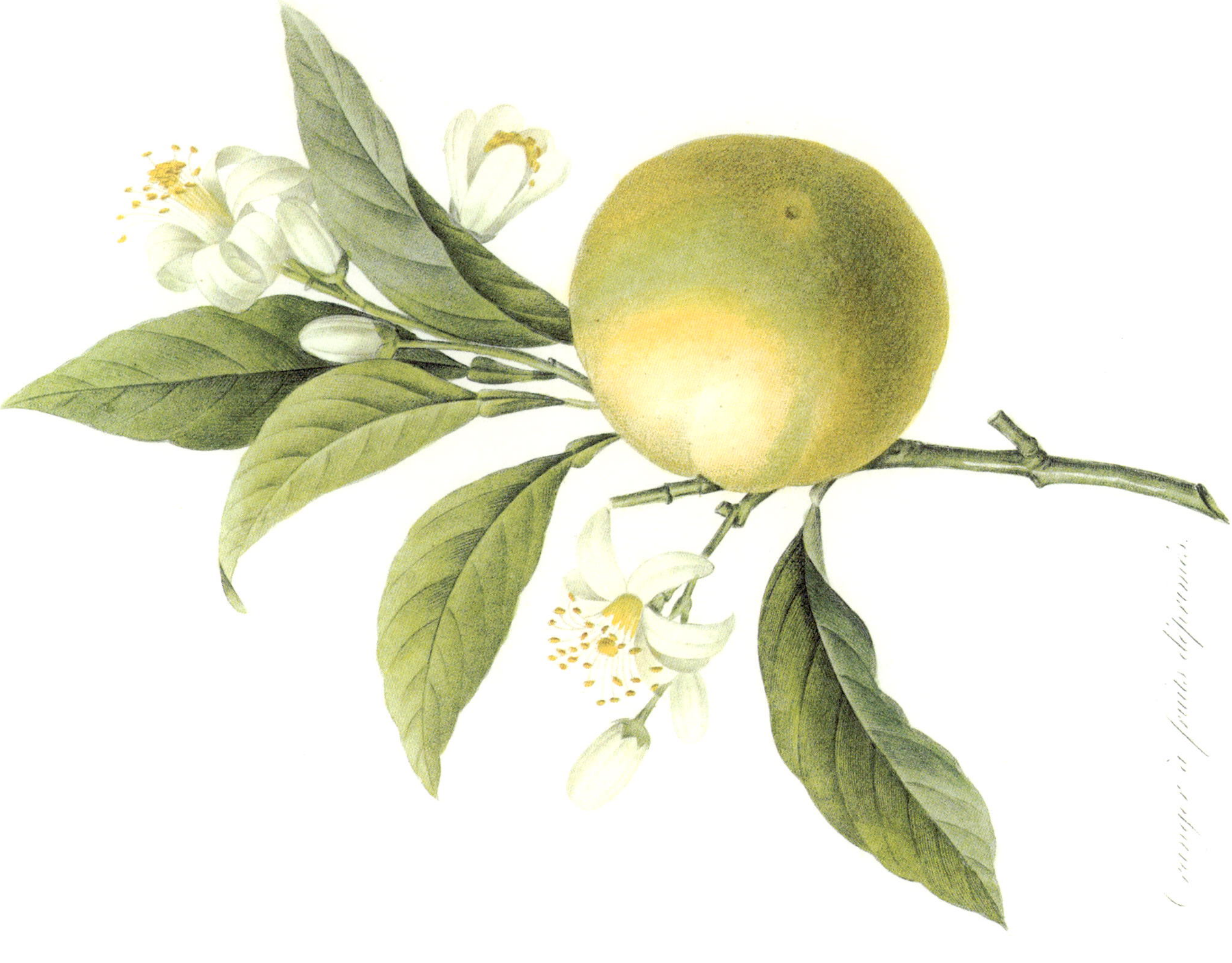

Oranger à fruits déprimés

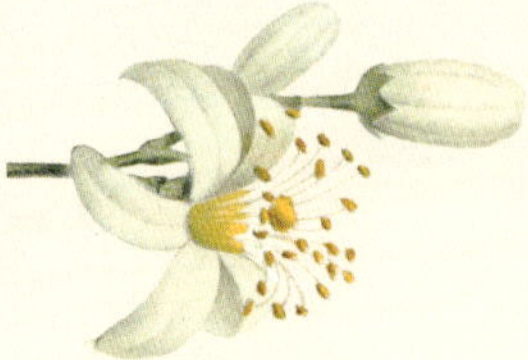

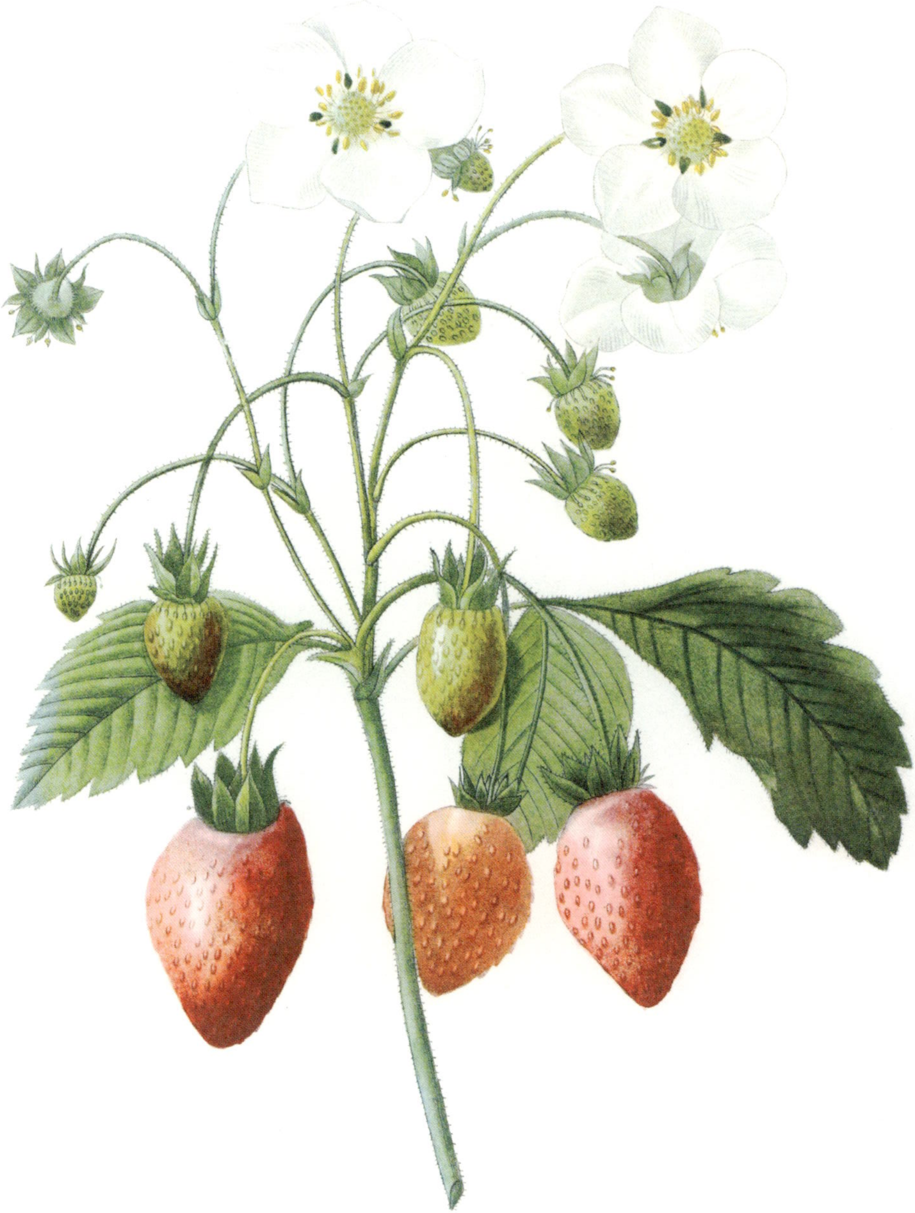

Fraisier à Bouquets. Fragaria.

P. J. Redouté — 103. Chapuis.

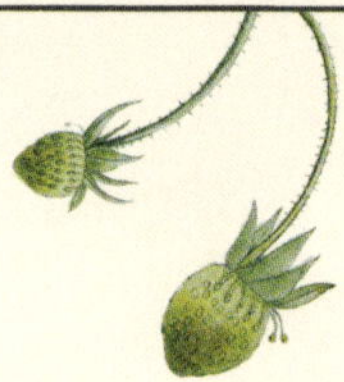
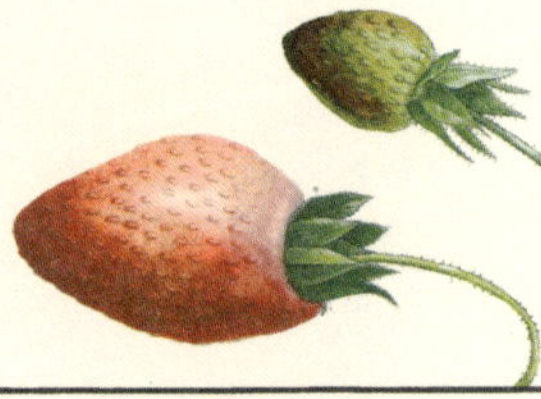

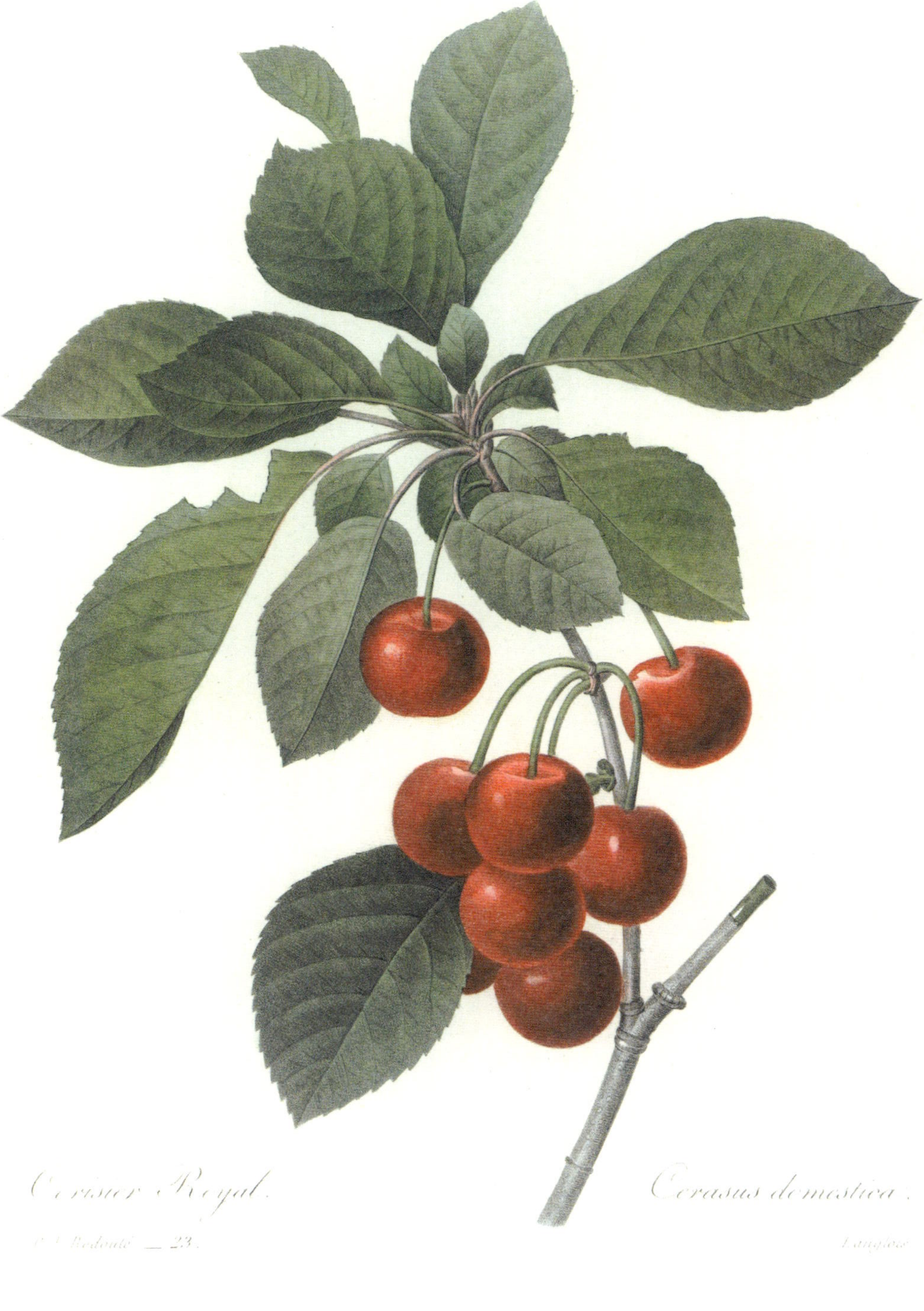

Cerisier Royal. Cerasus domestica.

P. J. Redouté __ 23. Langlois

To

From

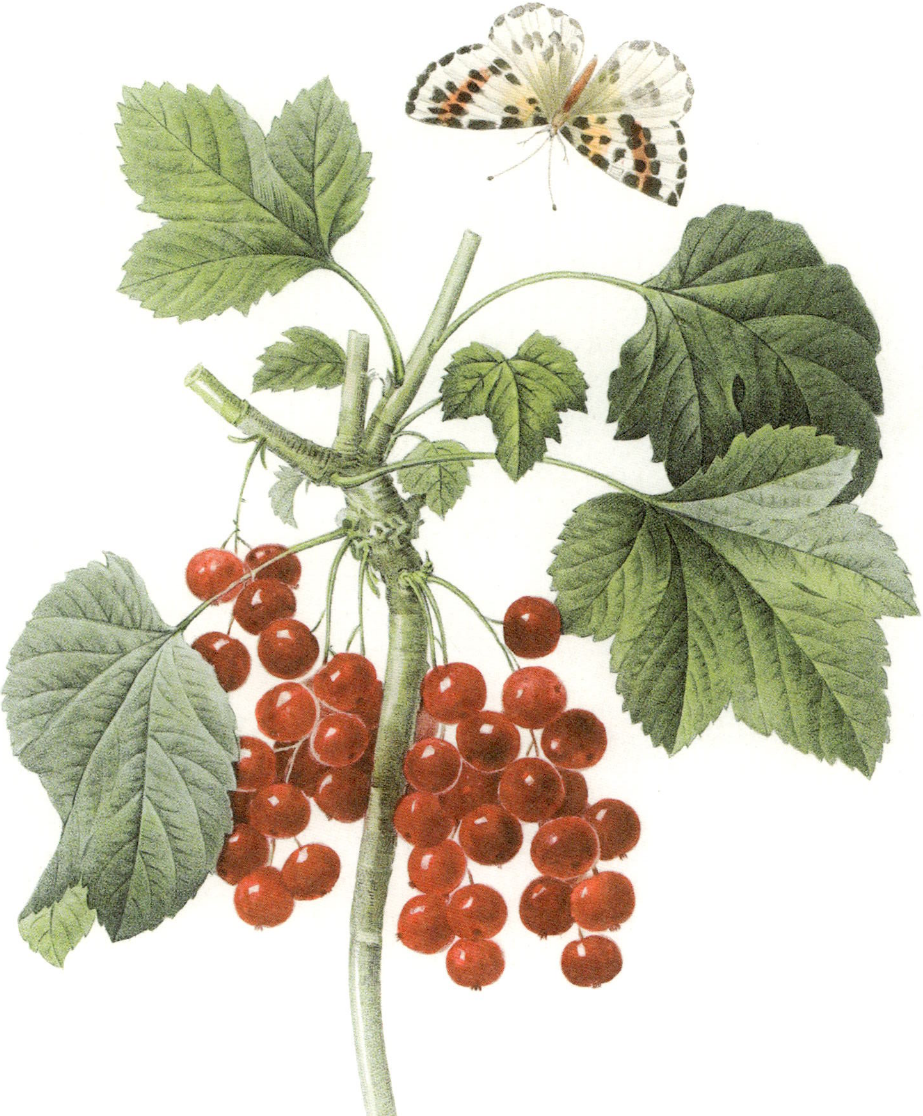

Groseiller rouge. *Ribes rubrum.*

P. J. Redouté ... 3 Langlois

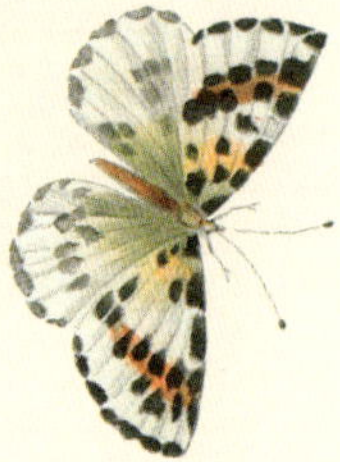

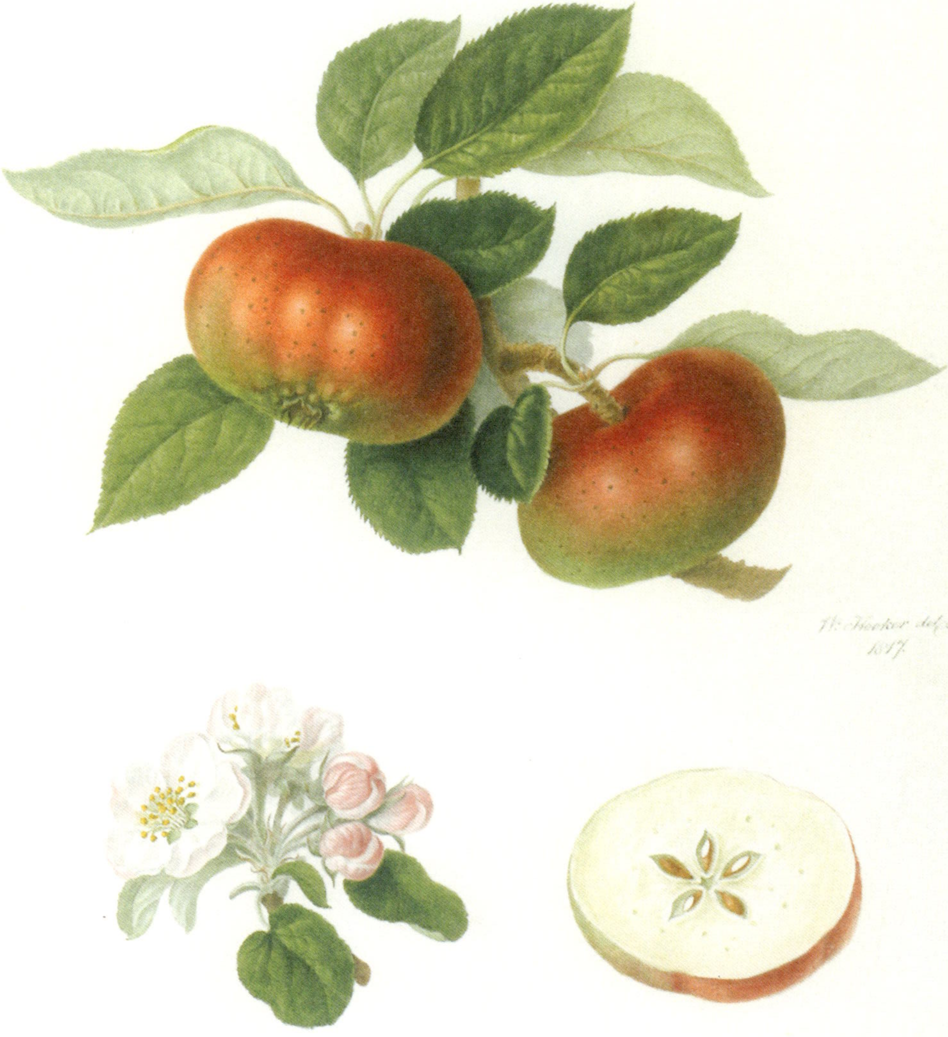

The Red Quarrenden Apple

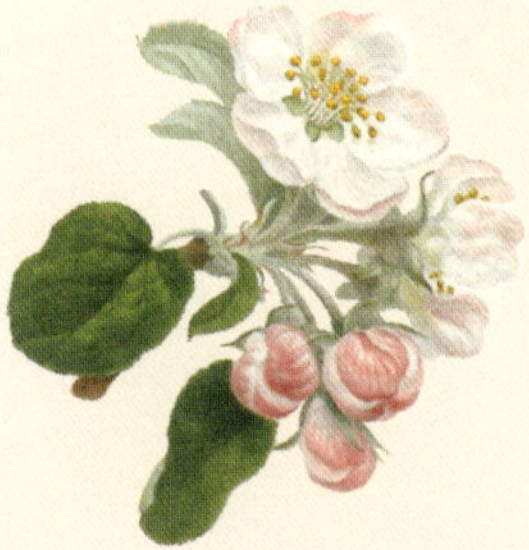

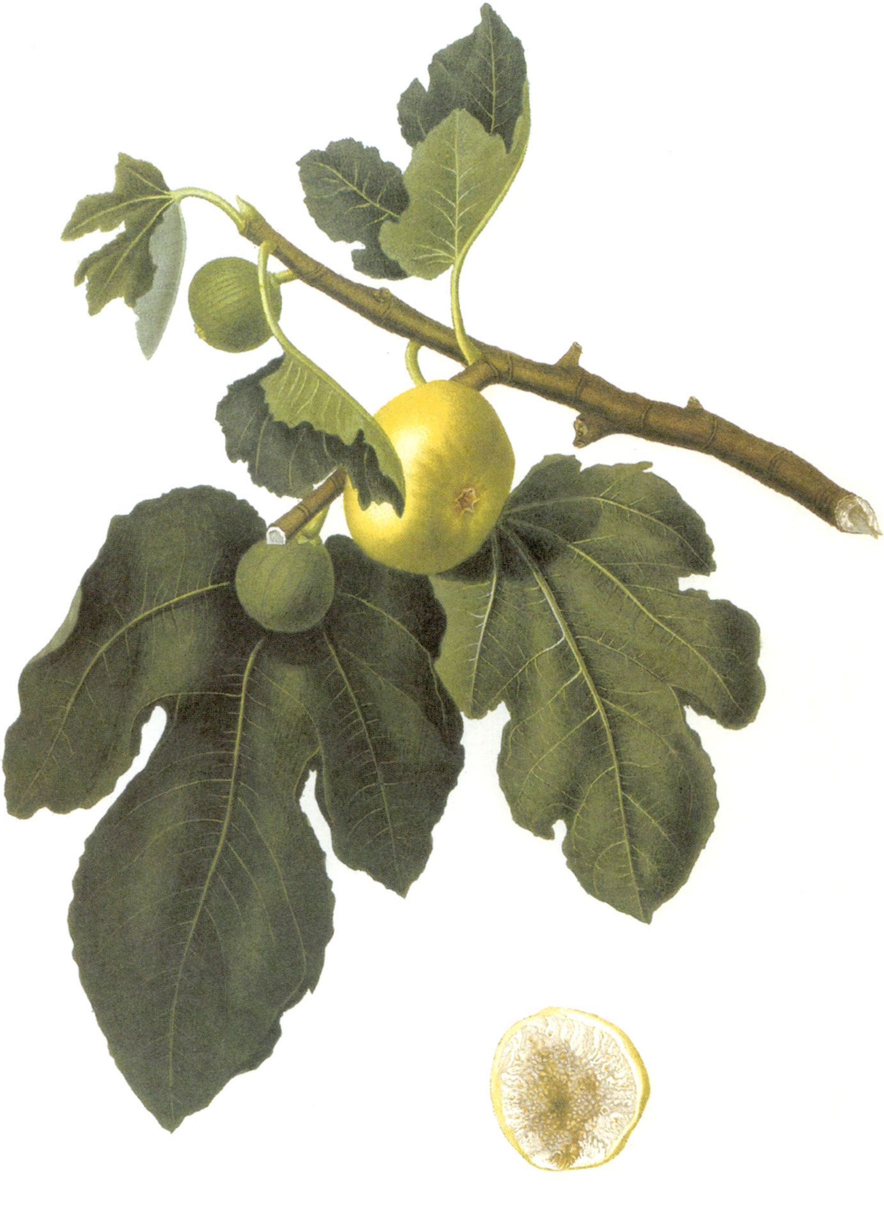

Fico Albo

Isabella Bozzolini disegnò dal vero in Firenze
Paolo Fumagalli incise

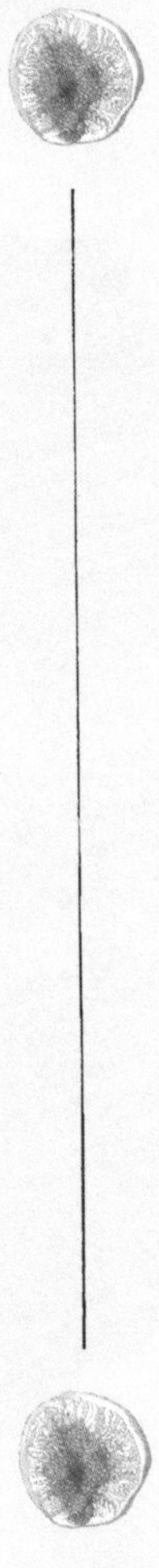

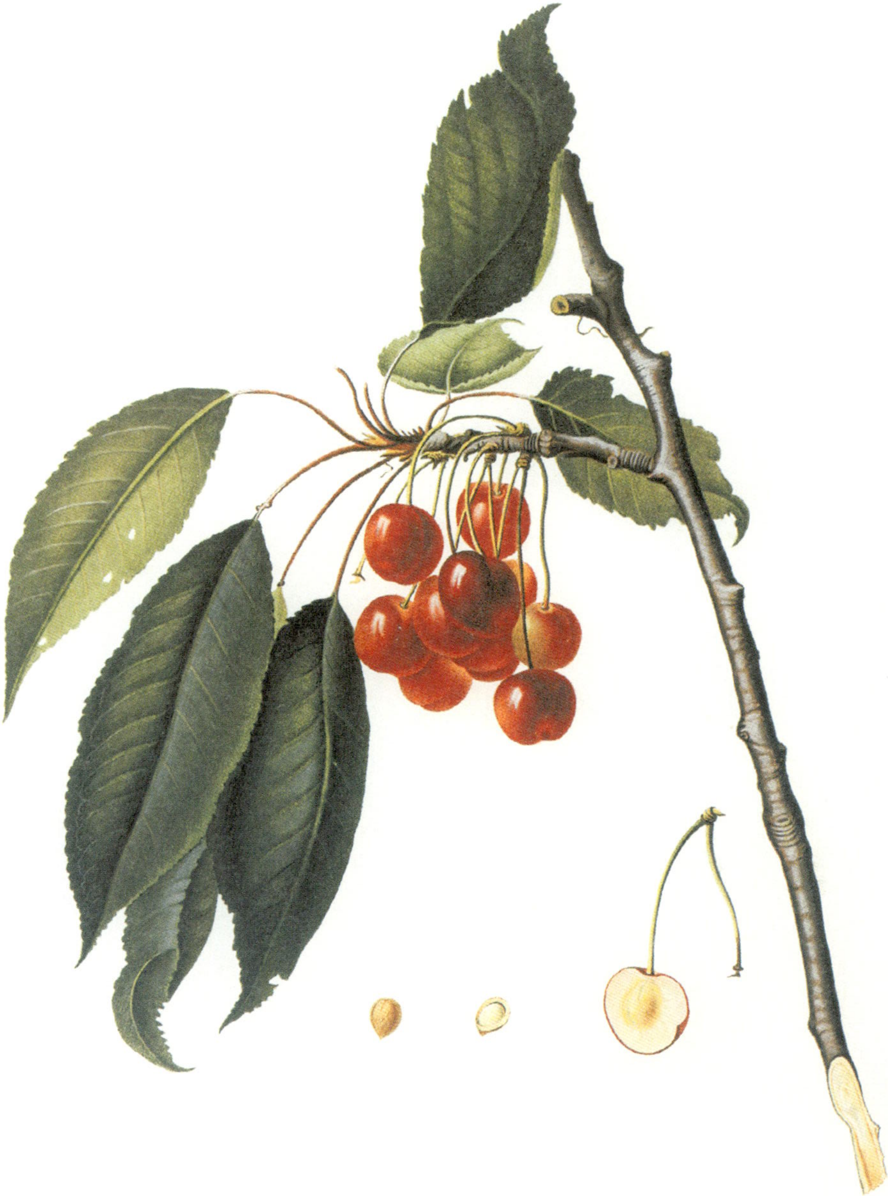

Ciliegia Acquajuola

Amica del Pino dis. in Gabura nel 1831

Gius. Pera inc. in Firenze nel 1832.

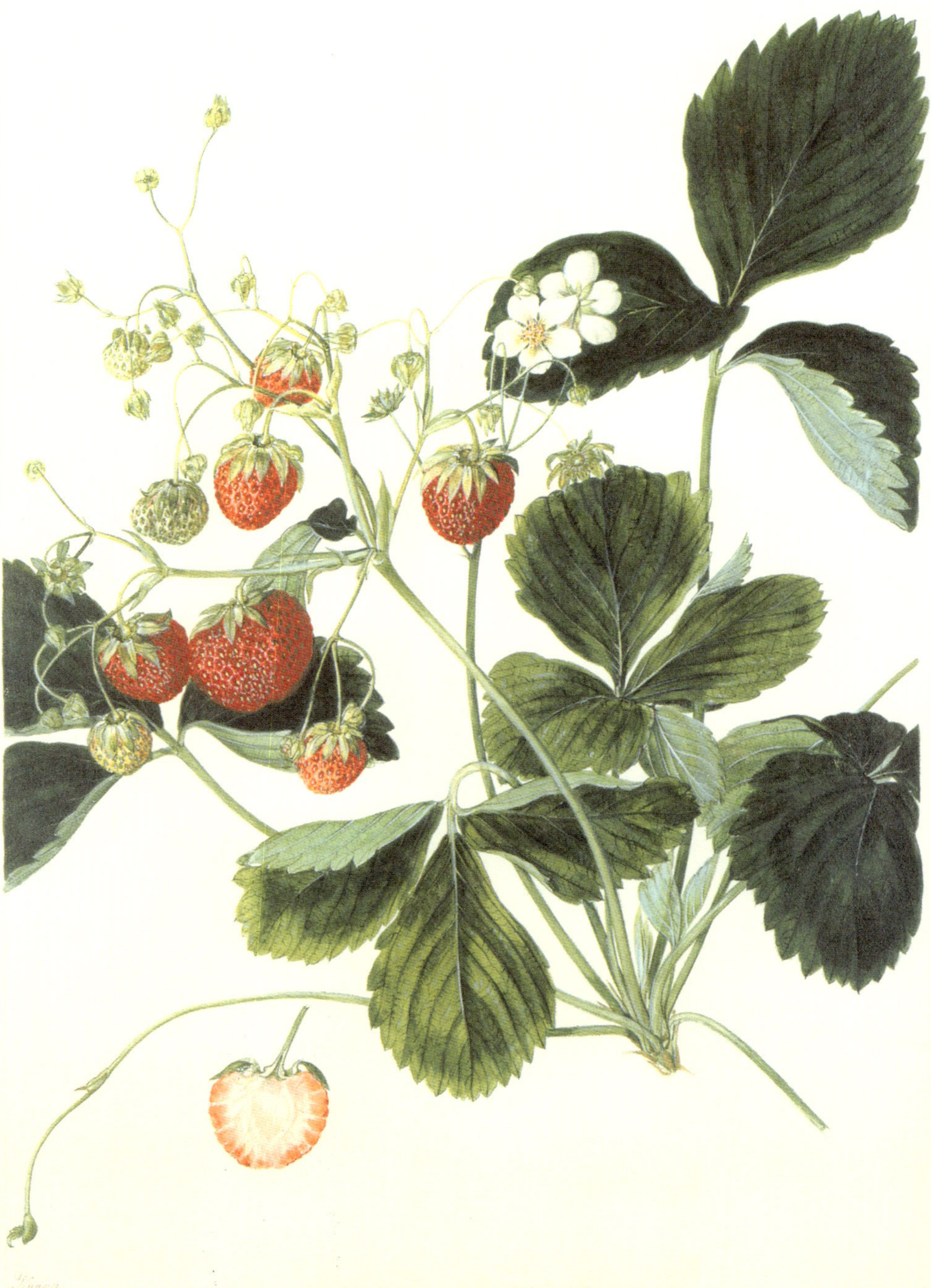

Keens' Seedling Erdbeere.

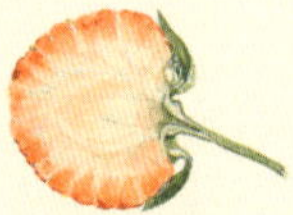

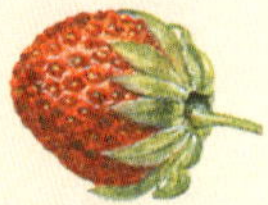

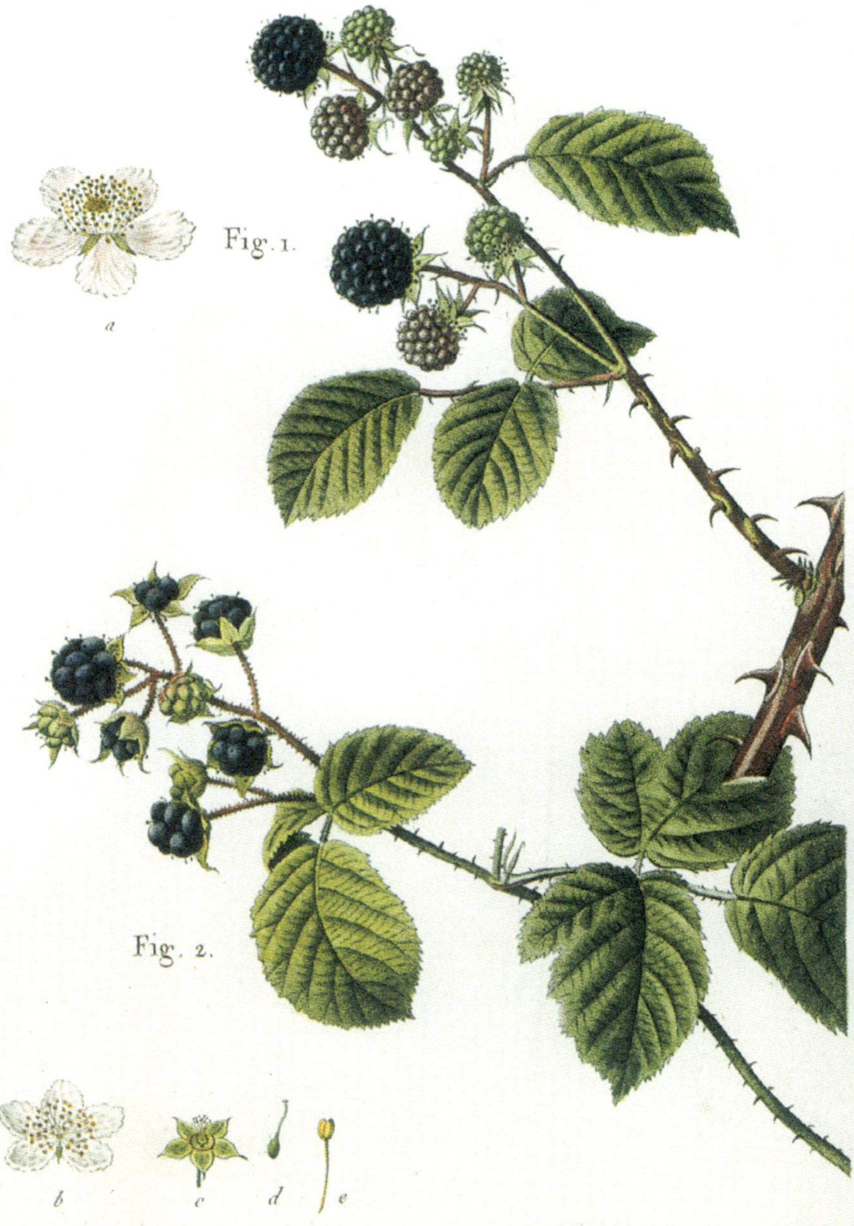

Fig. 1. **RUBUS** fruticosus. **RONCE** frutescente.

Fig 2. **RUBUS** cæsius. **RONCE** bleue.

P. Bessa pinx Jarry sculp.

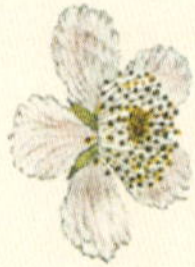

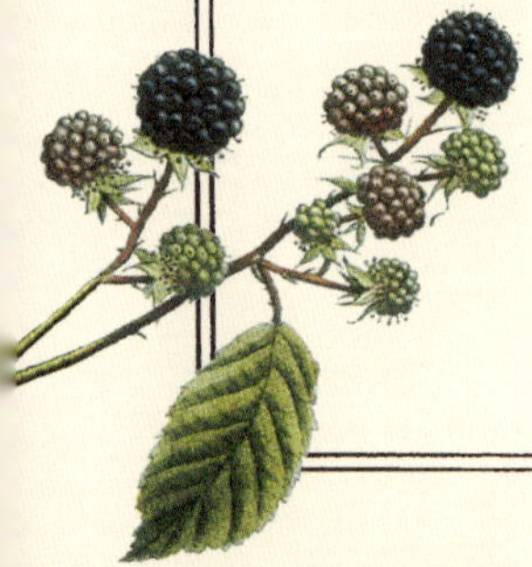

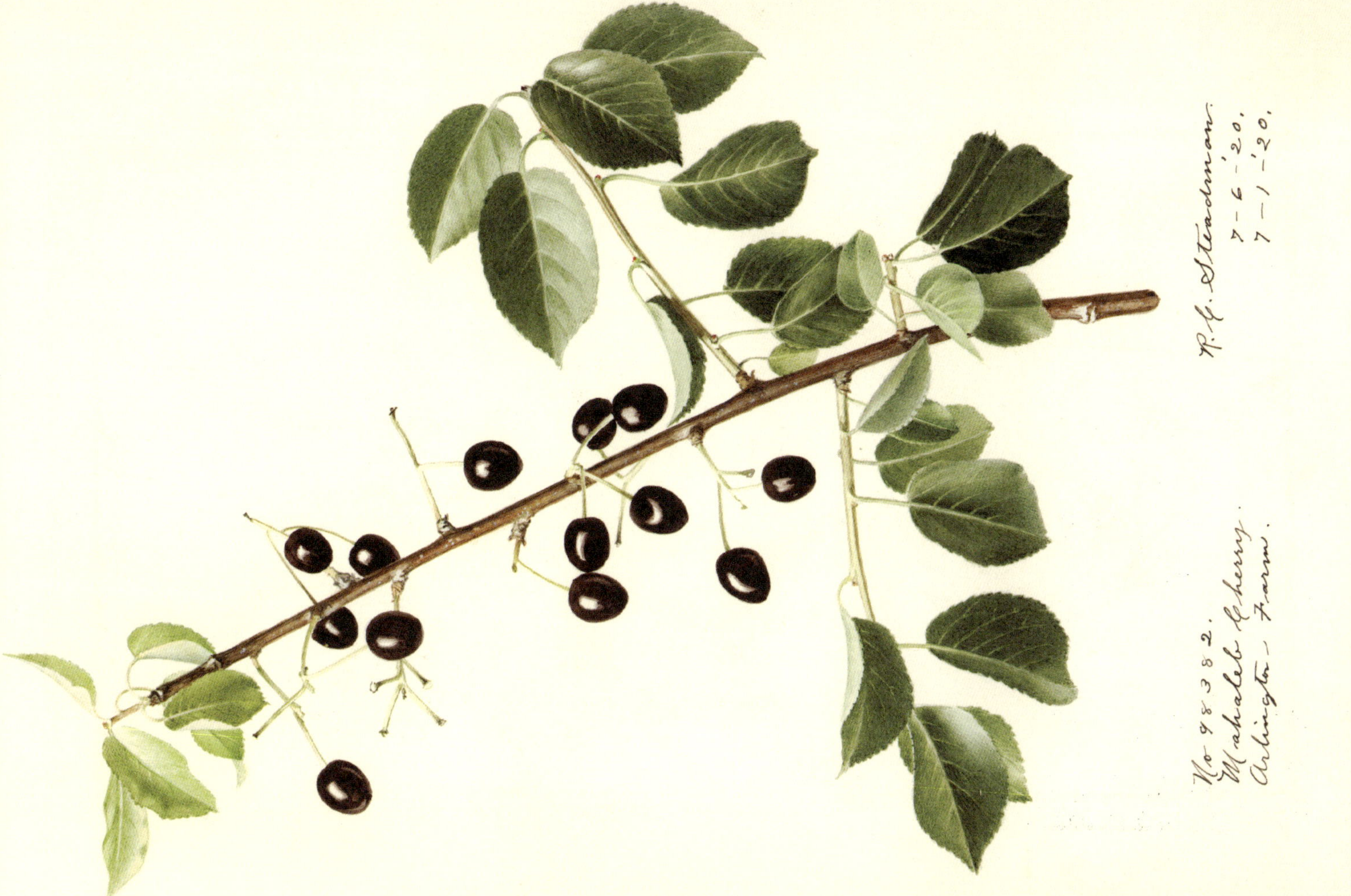
R. C. Steadman.
7-6-'20.
7-1-'20.
No 98382.
Mahaleb Cherry.
Arlington Farm.

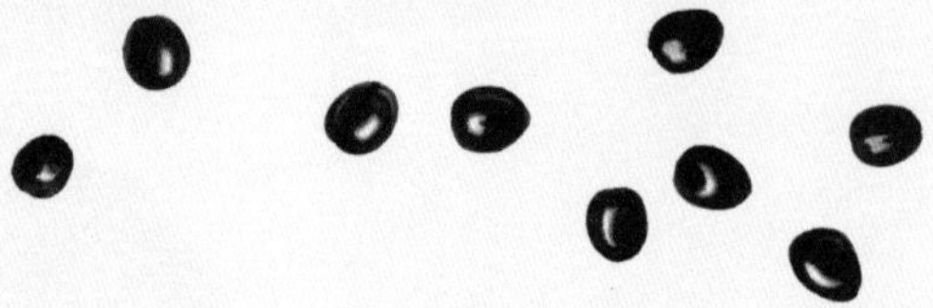

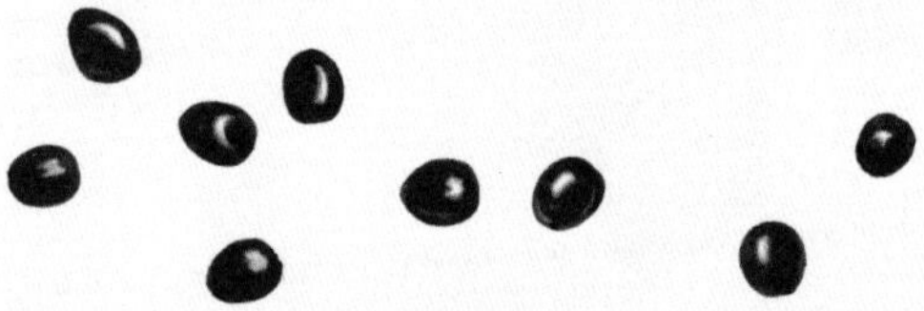

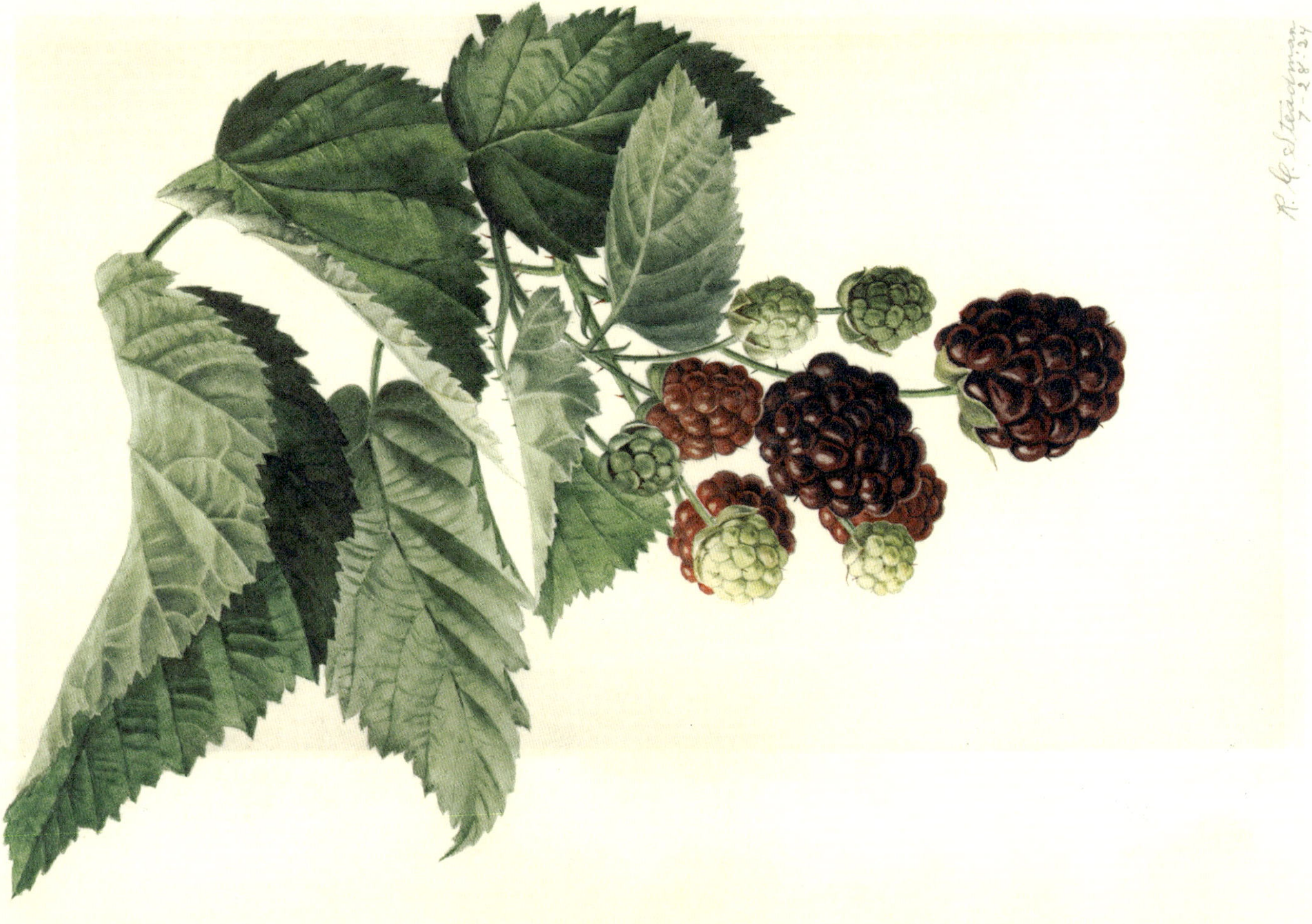
R. C. Steadman
7-28-'24

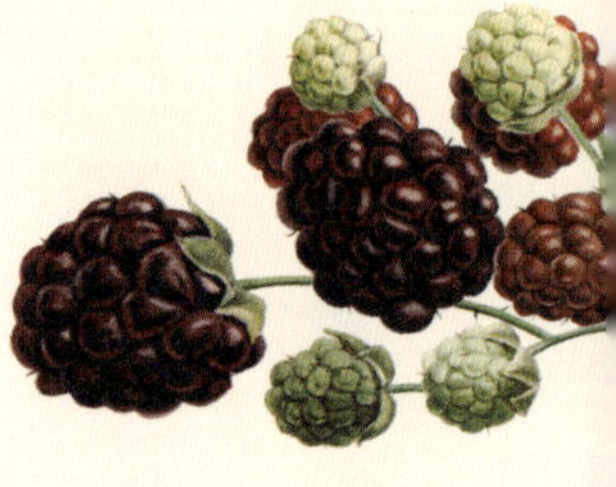

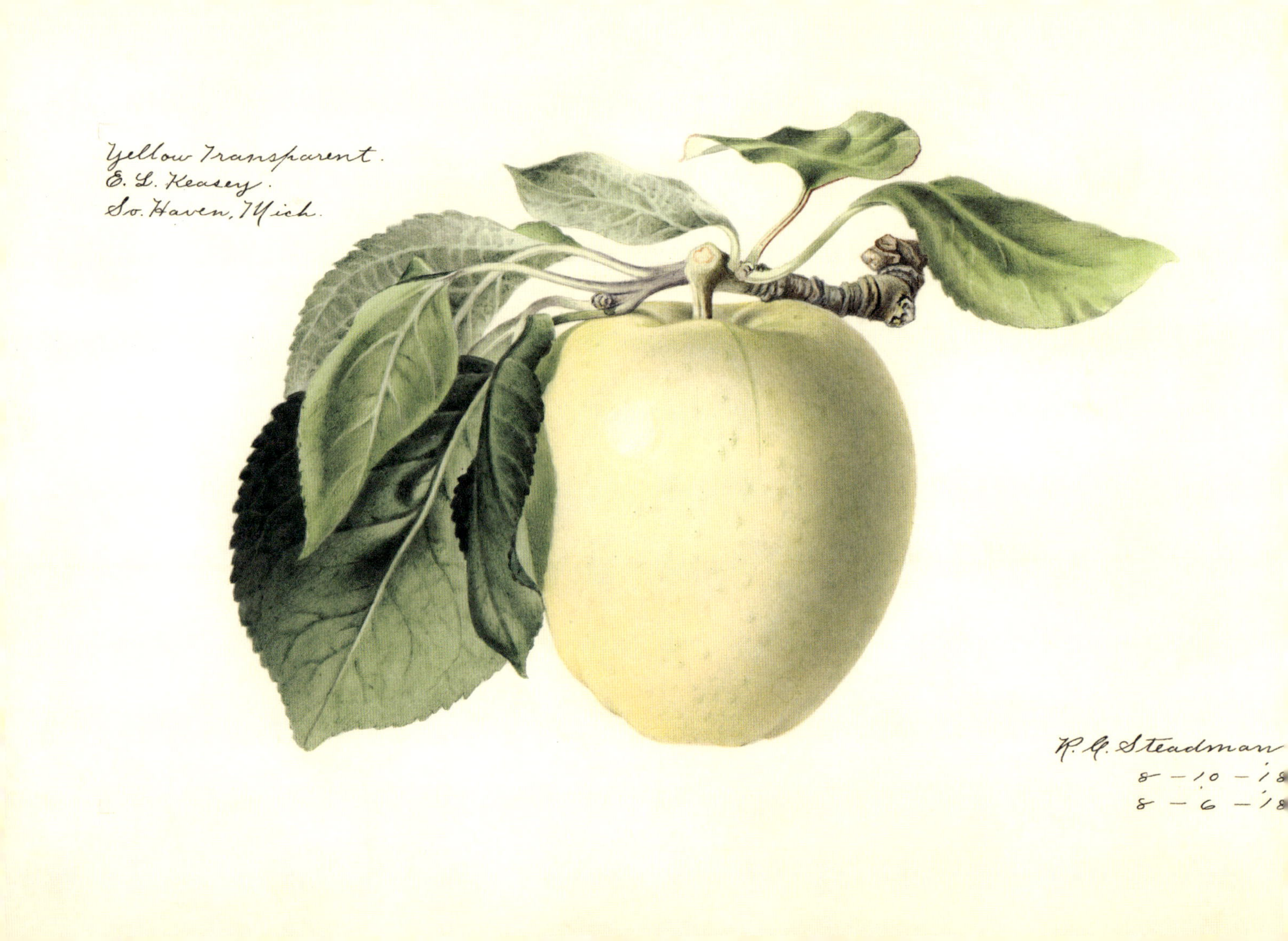
Yellow Transparent.
E. L. Keasey.
So. Haven, Mich.
R. G. Steadman
8 – 10 – 18
8 – 6 – 18

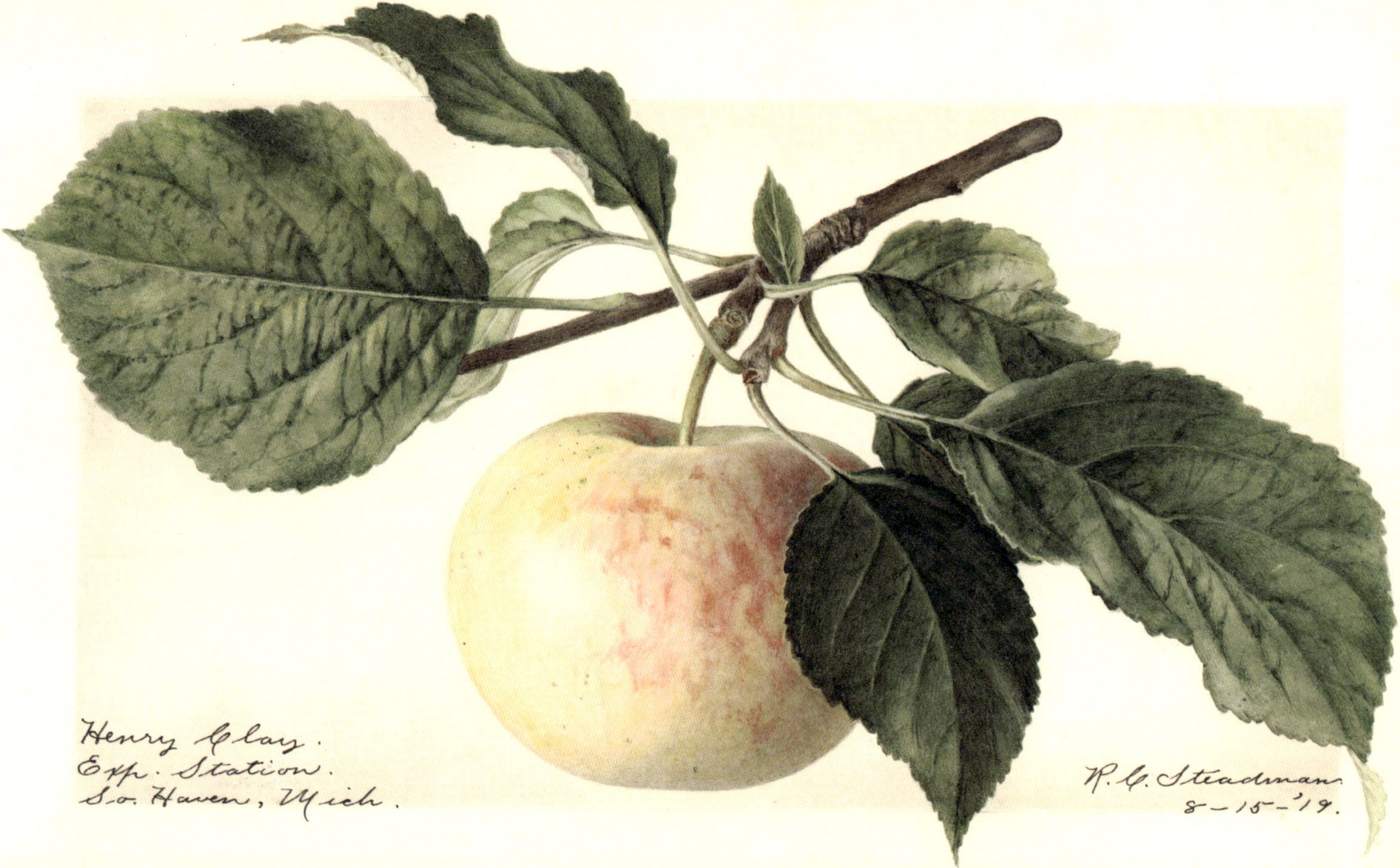
Henry Clay.
Exp. Station.
So. Haven, Mich.
R. C. Steadman.
8-15-'19.

To

From

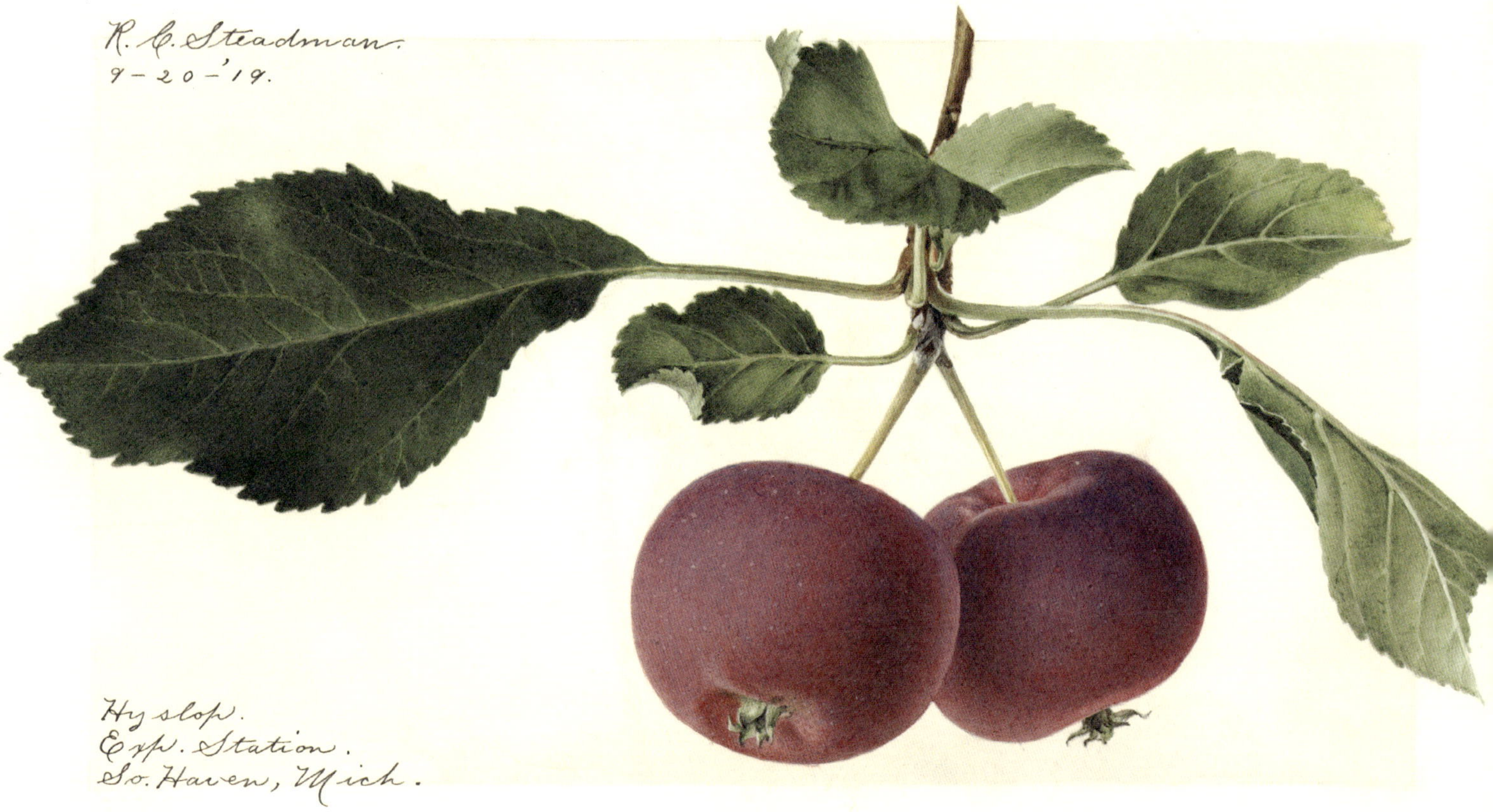
R. C. Steadman.
9-20-'19.
Hyslop.
Exp. Station.
So. Haven, Mich.

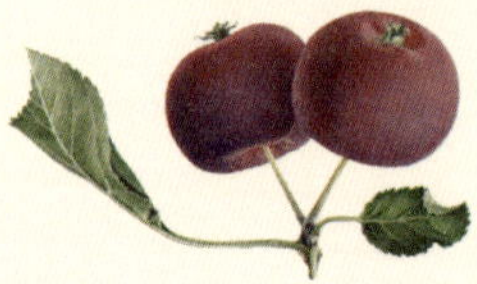

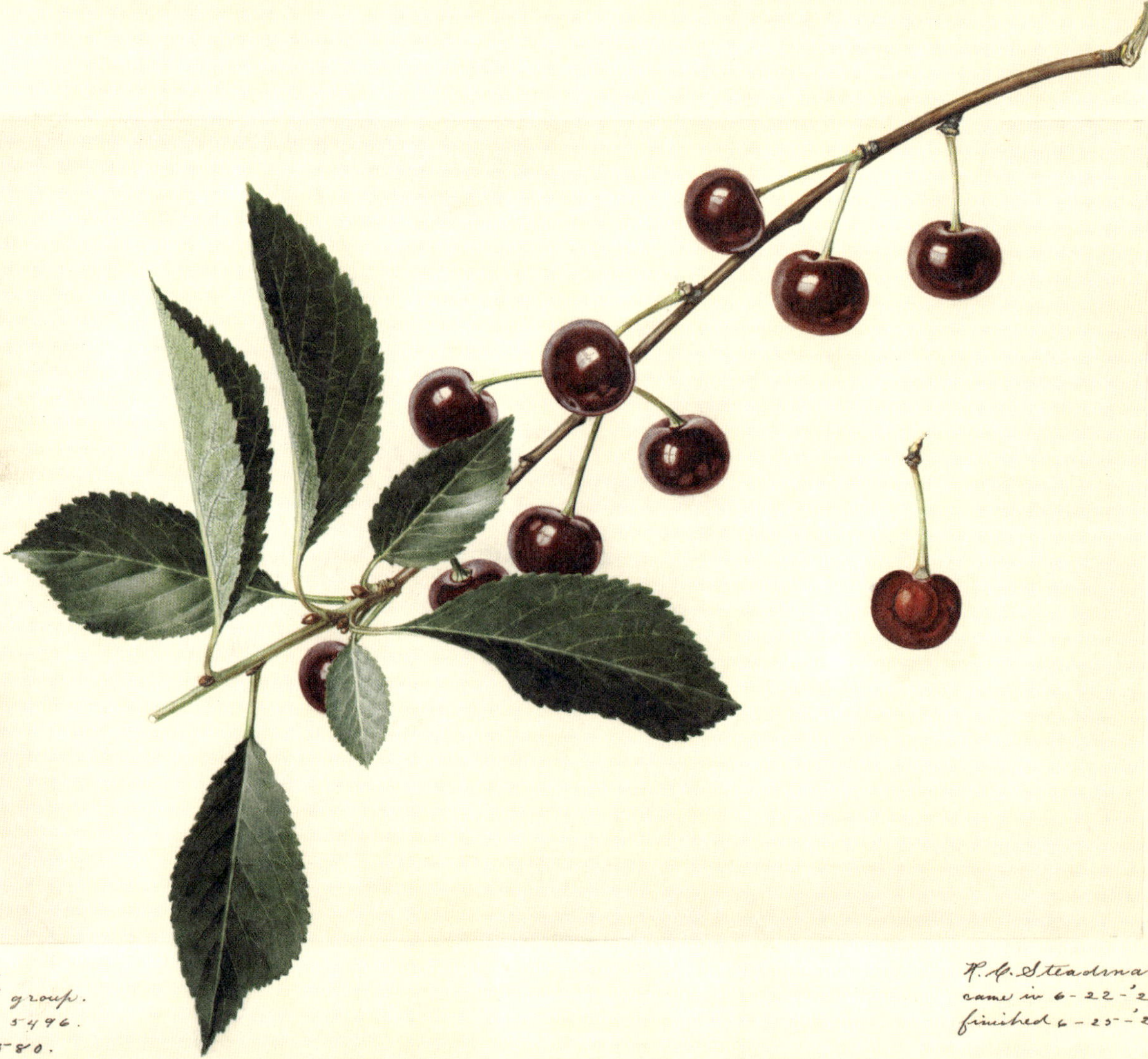

No. 98378.
"Valdimir" group.
Arlington 5496.
S.P.I. 10580.

R. C. Steadman.
came in 6-22-'20.
finished 6-25-'20.

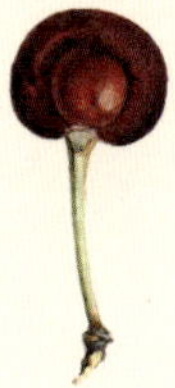

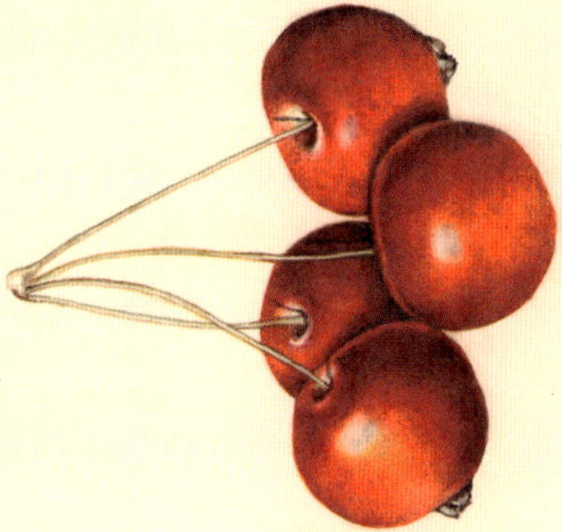

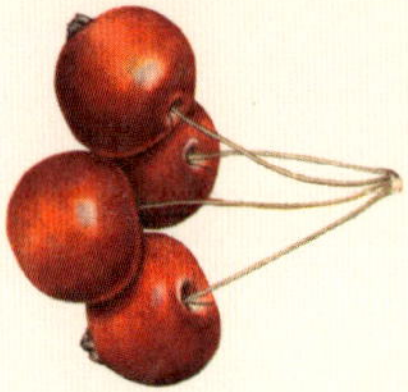

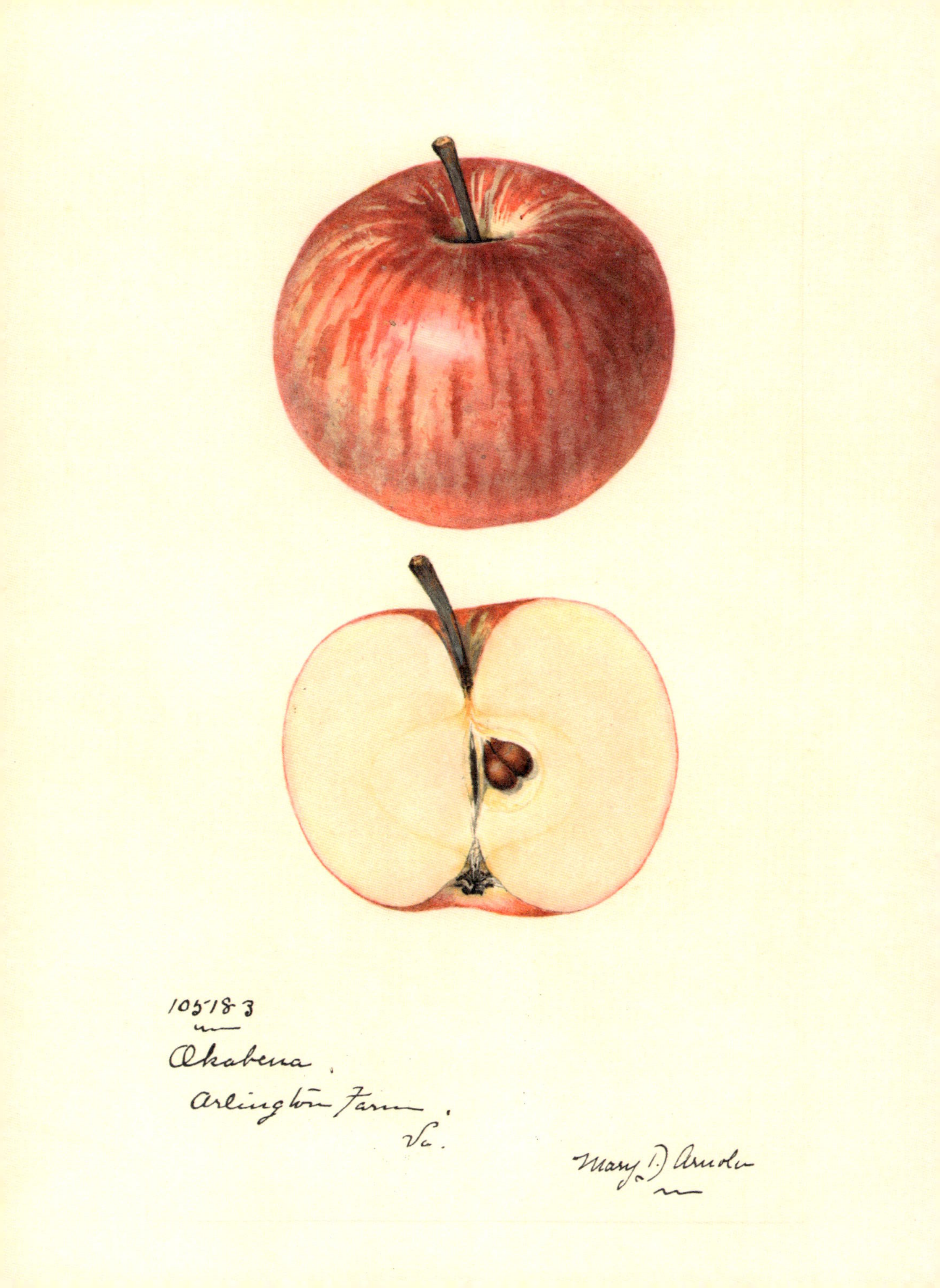
105183
Okabena.
Arlington Farm,
Va.
Mary D. Arnold

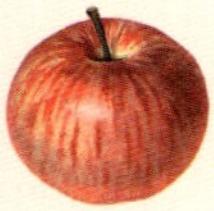

To

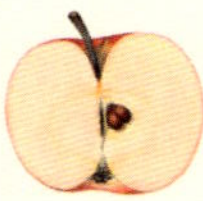

From

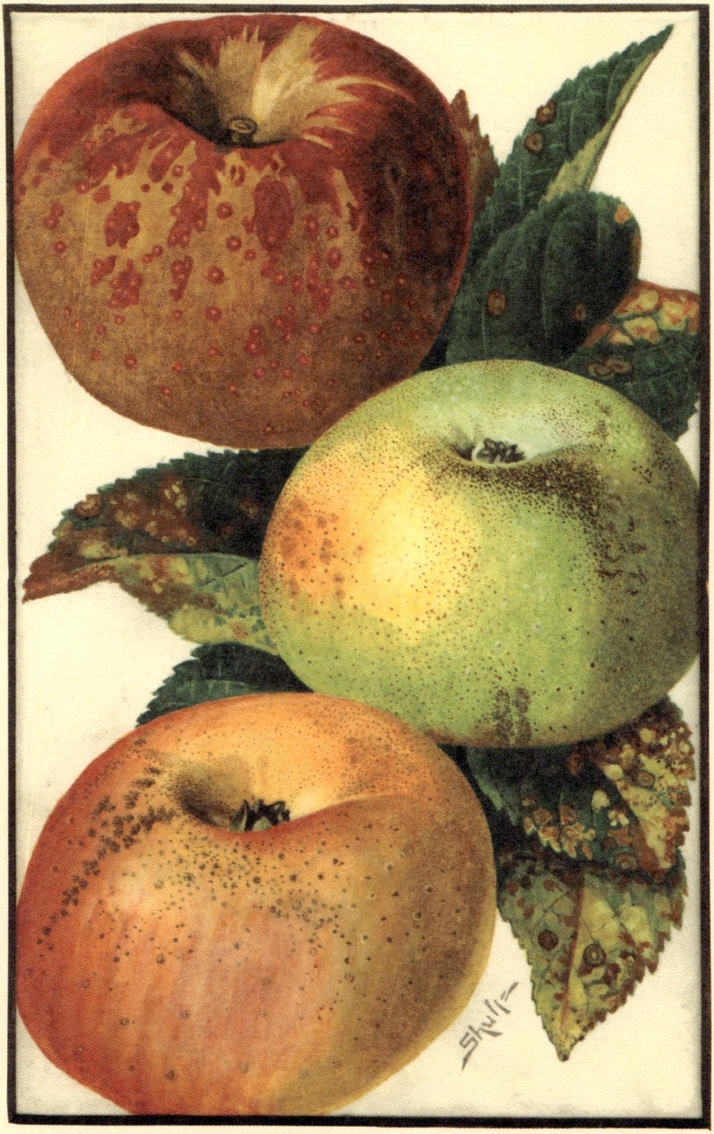

COPPER INJURY TO FRUITS AND LEAVES OF APPLE

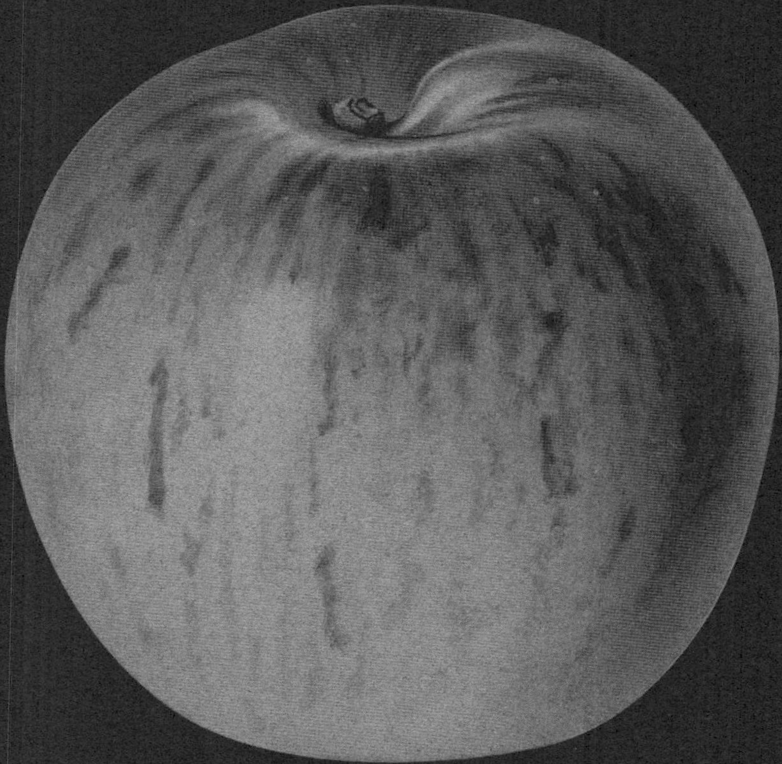

No. 95167.
Pewaukee.
Illinois Exp. Station.
Urbana, Ill.

R. G. Steadman.
2-16-'18
2-7-'18

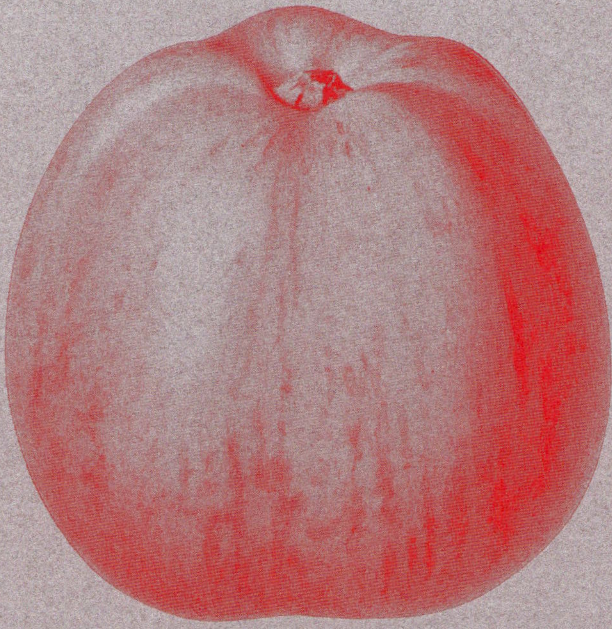

No. 95211
Salome.
Connecticut Exp. Station
Storrs, Conn.

R. C. Steadman.
2-28-'18

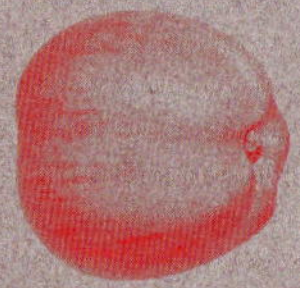

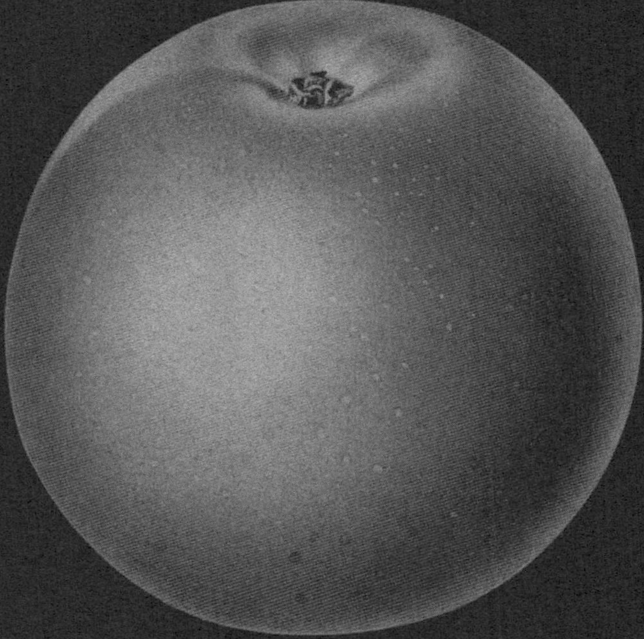

No. 95192.
Red Canada.
Connecticut Exp. Station.
Storrs, Conn.

R. C. Steadman.
2-28-'18

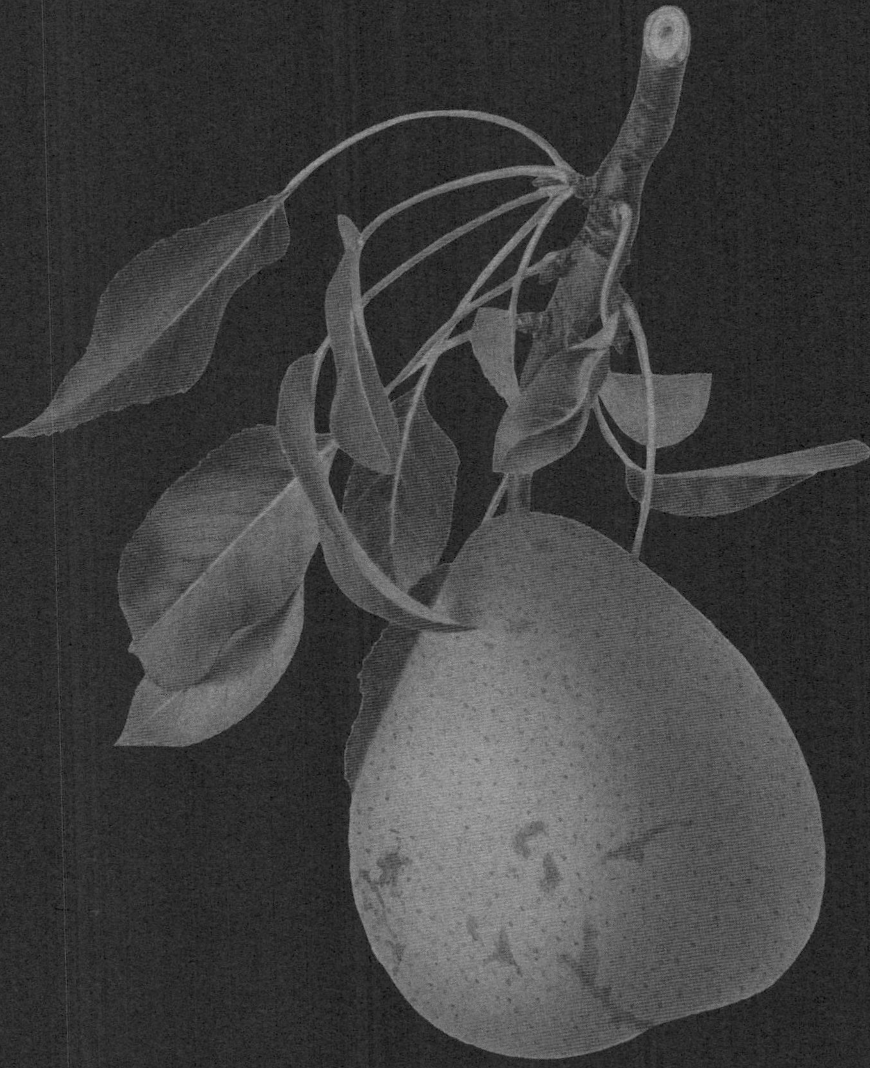

Reader.
Exp. Station.
So. Haven, Mich.

R. G. Steadman.
9-12-'19.

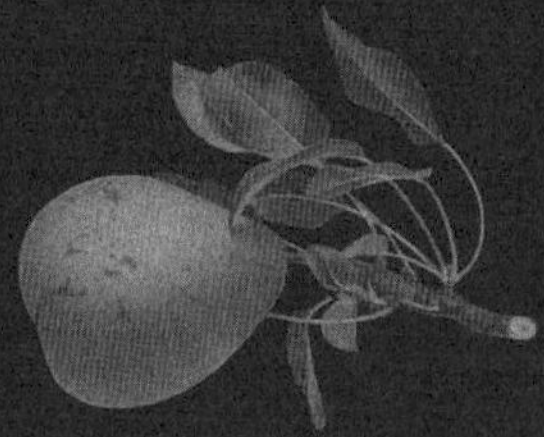

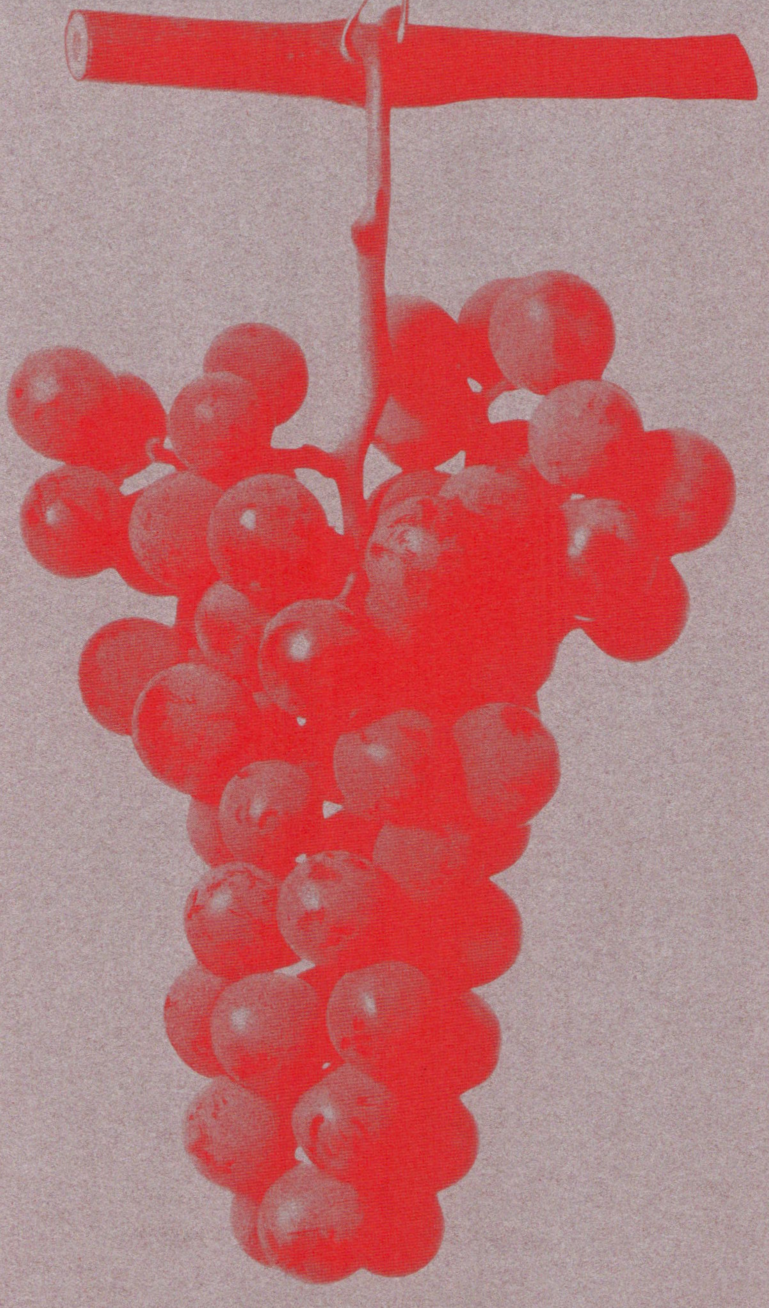

Rockwood

R. C. Steadman

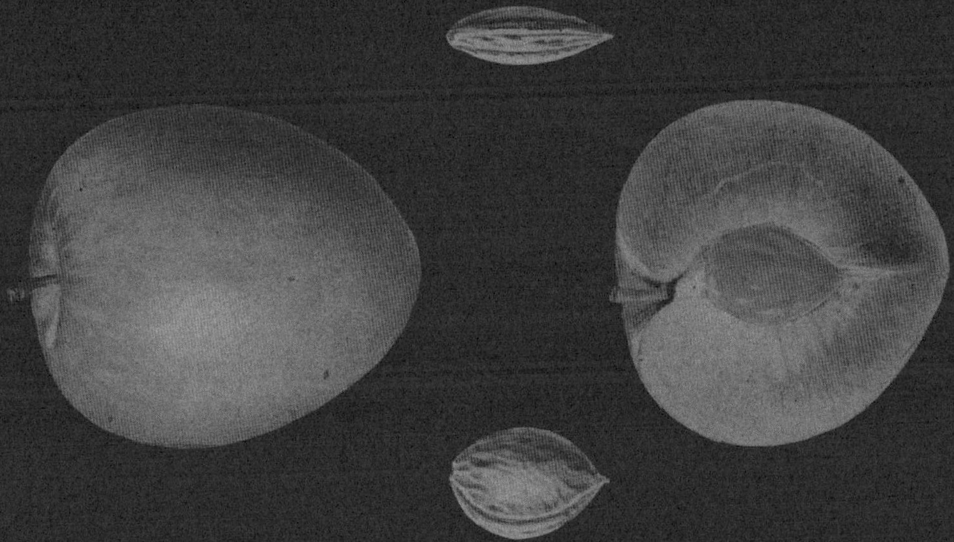

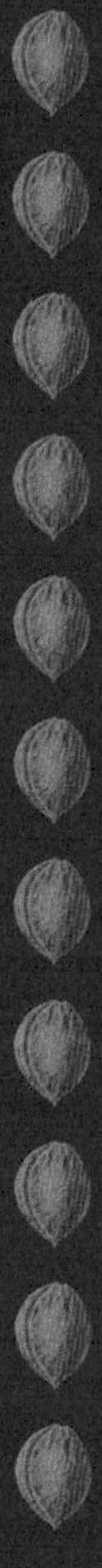

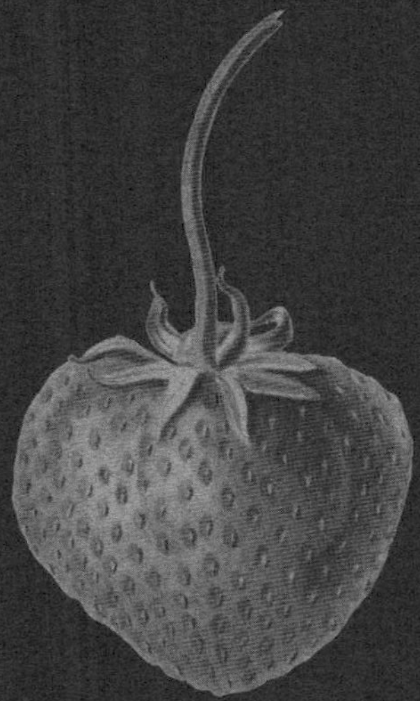

Parry #X13050 Geo. E. Morton, Polk Co.,
5/21 91 Tryon City, N C

TO

FROM

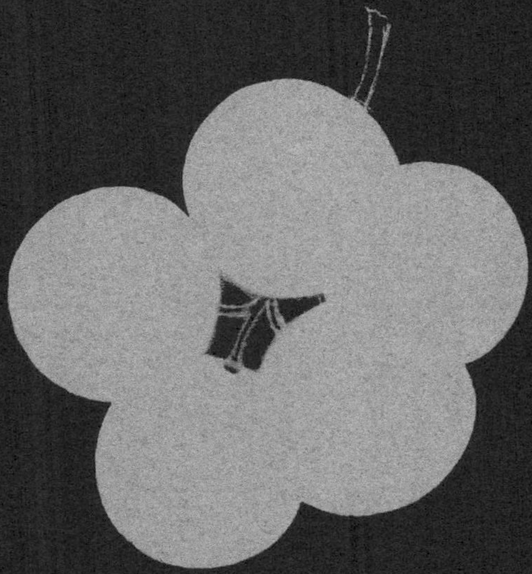

#X272 Scuppernong
R.P. Johnson
Smithville, Lee co Ga
Berries 7
Sept 21st 1887
Scuppernong Grape.

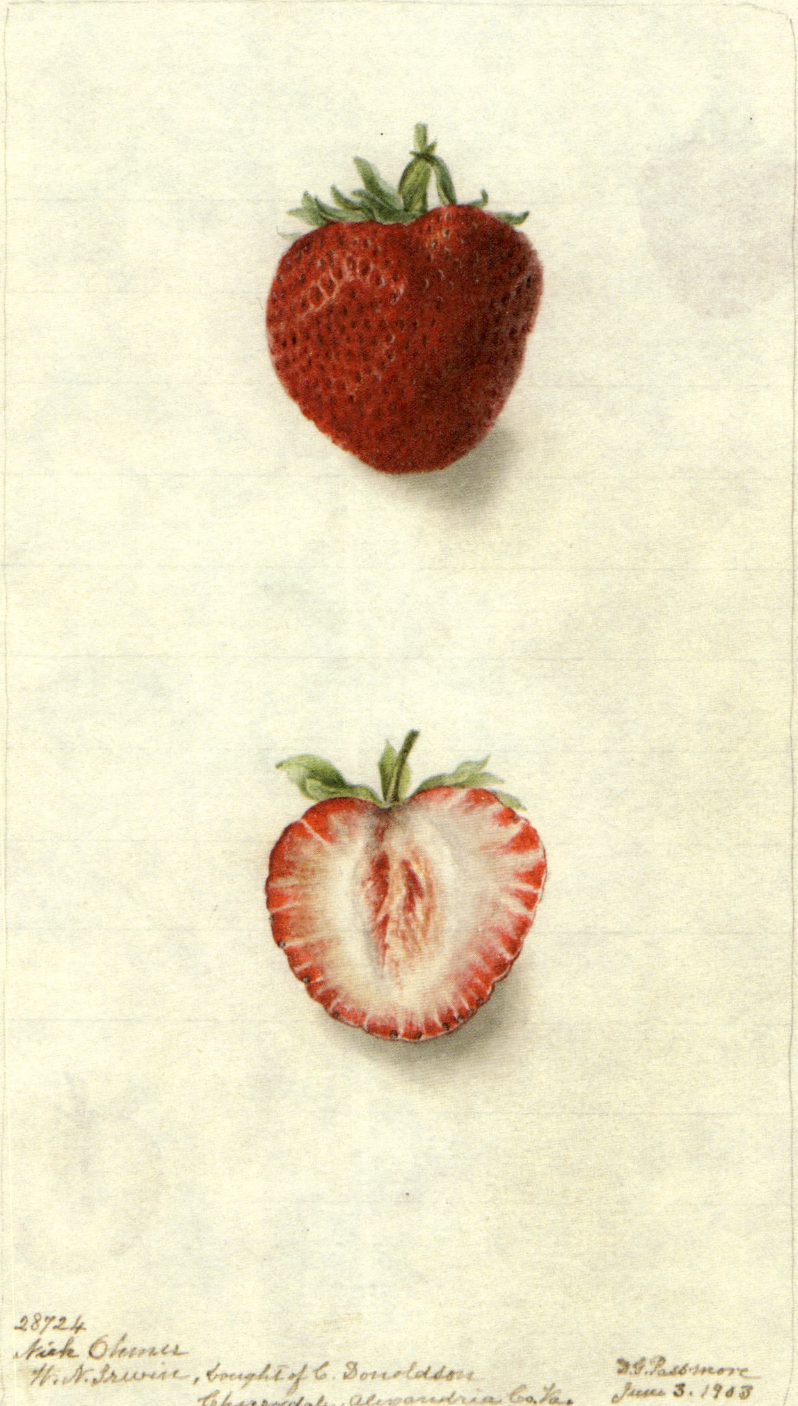
28724
Nick Ohmer
W. N. Irwin, bought of C. Donaldson
Cherrydale, Alexandria Co. Va.
D.G. Passmore
June 3. 1903

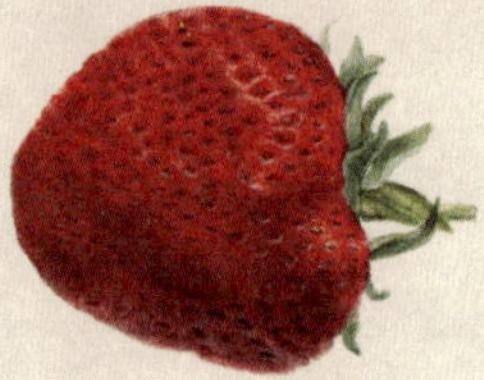

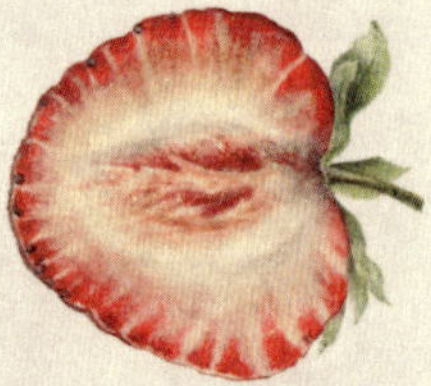

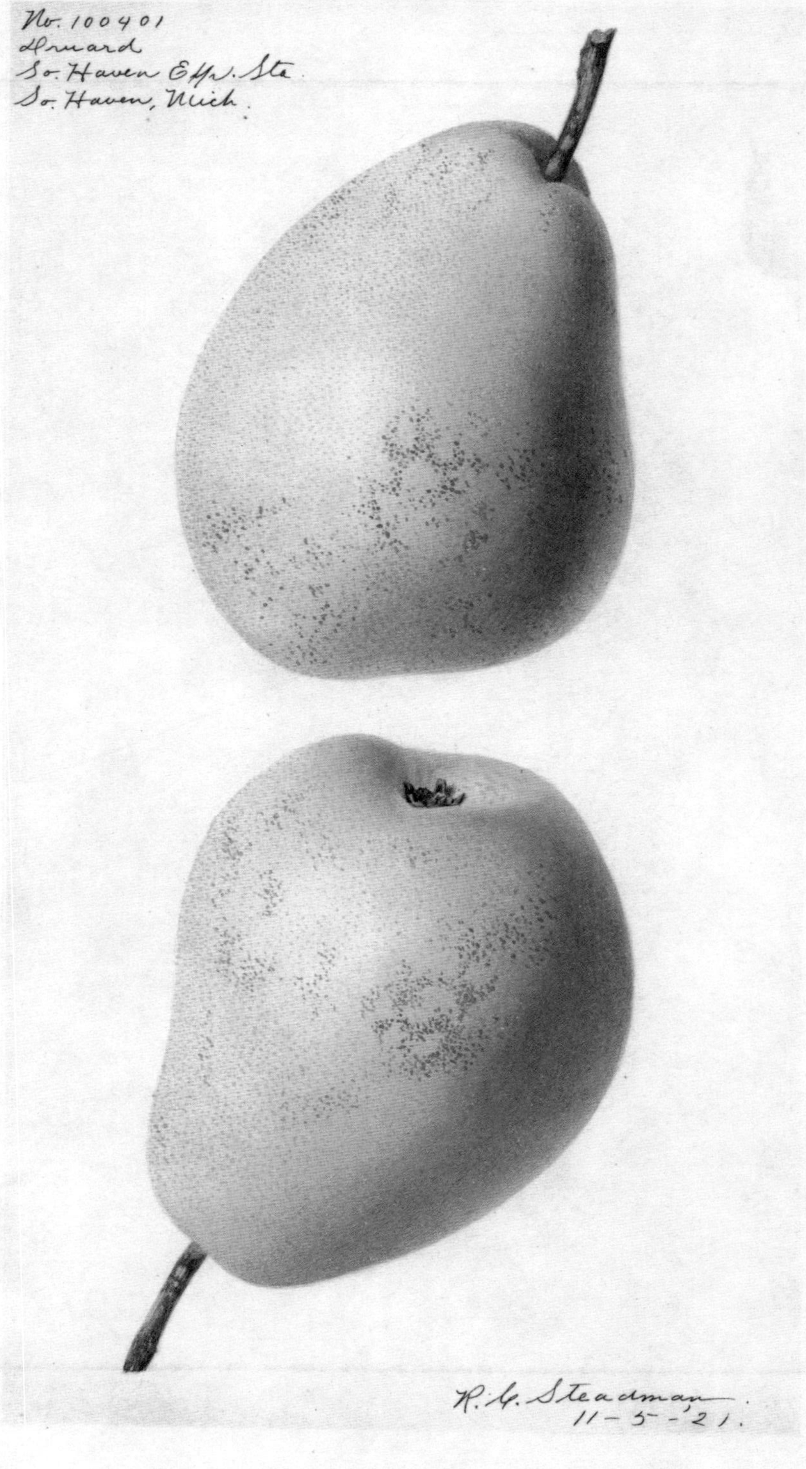
No. 100401
Howard
So. Haven Exp. Sta
So. Haven, Mich.
R. G. Steadman
11-5-'21.

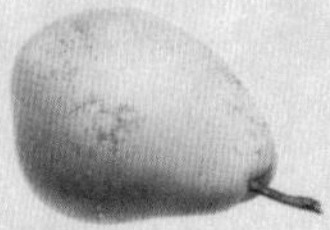

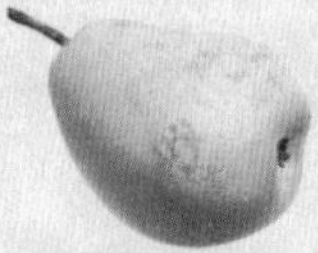

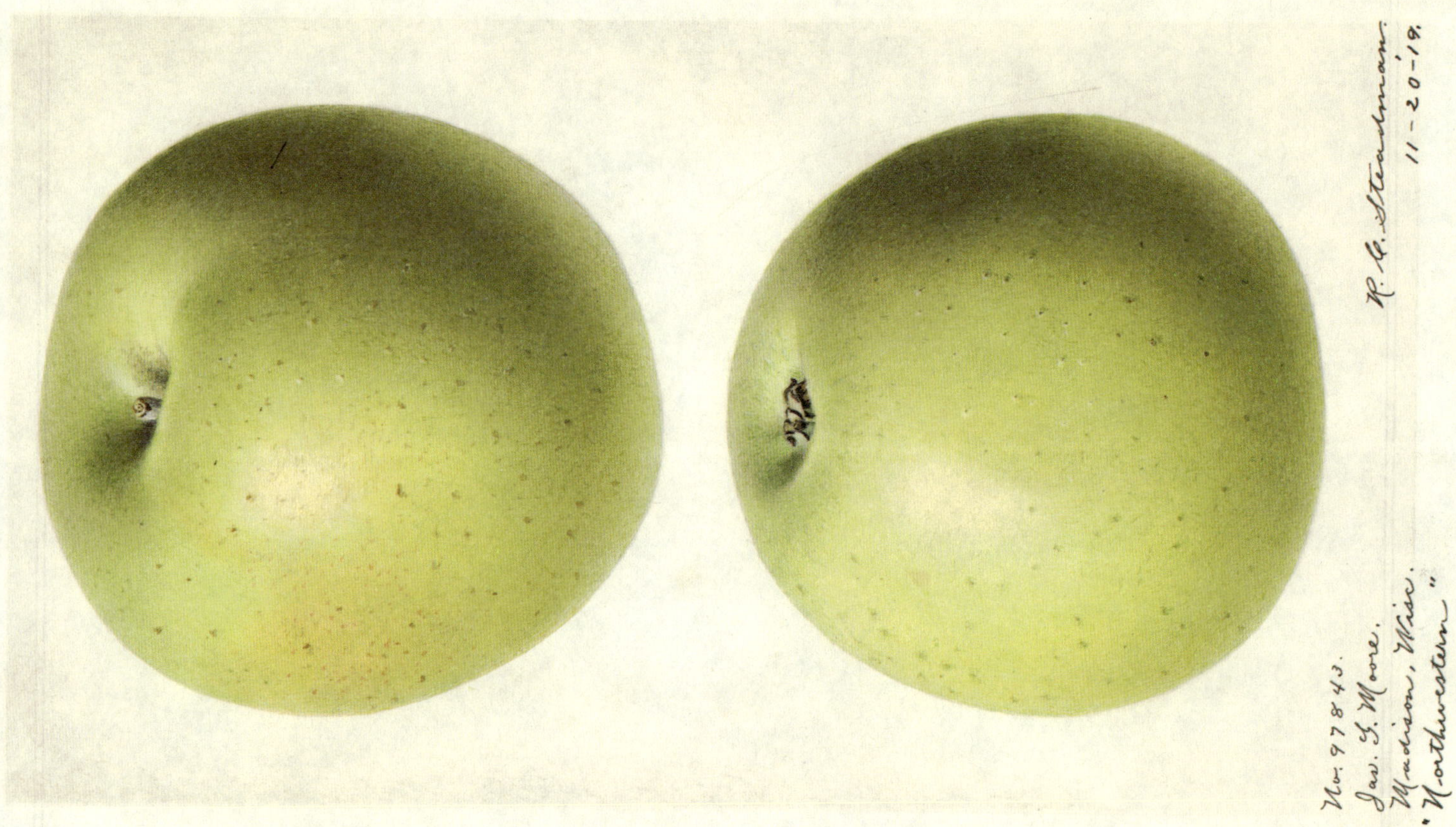
No. 97843.
Jas. G. Moore.
Madison, Wisc.
"Northwestern"
R. G. Steadman.
11-20-'19.

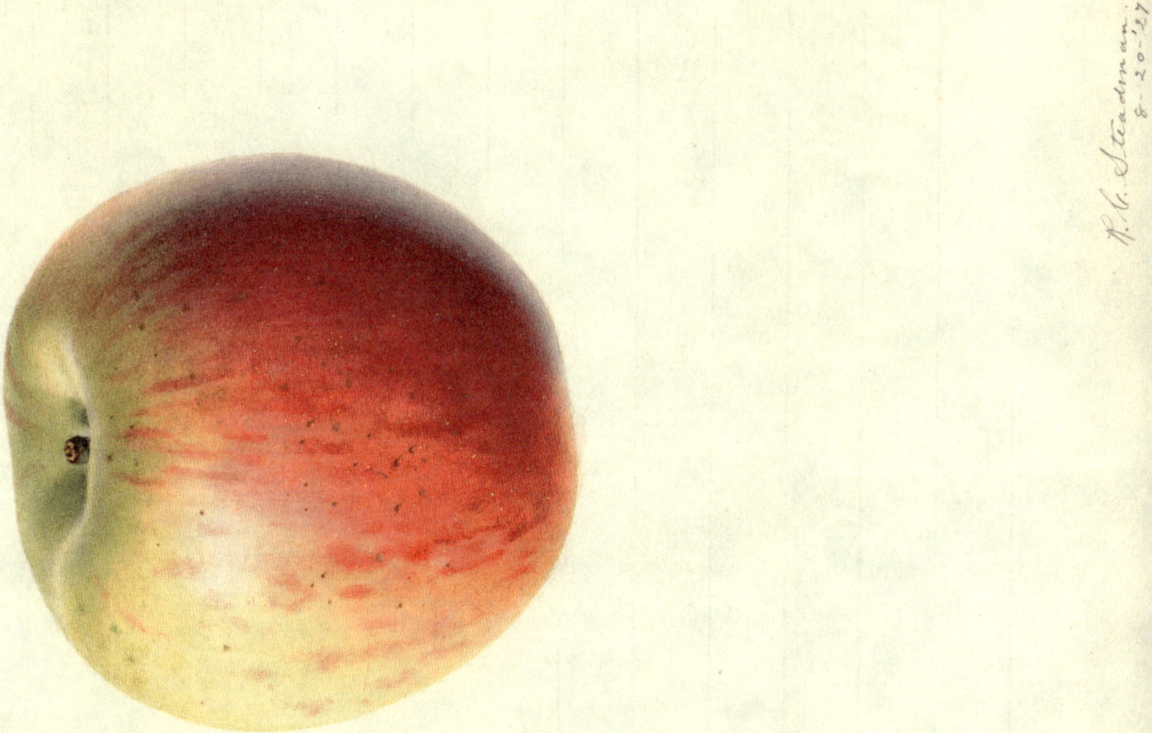
R. C. Steadman.
8-20-'27

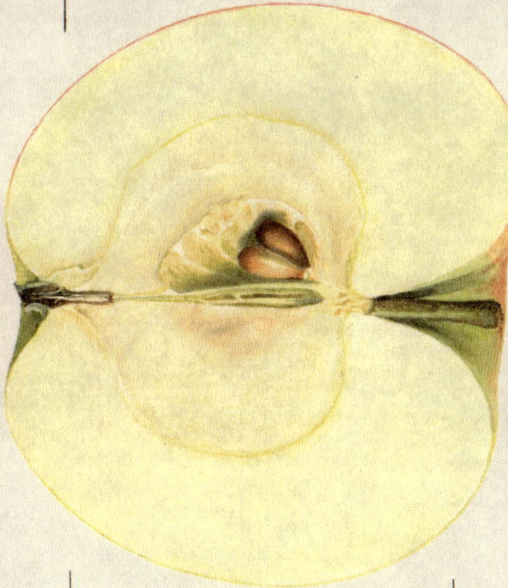

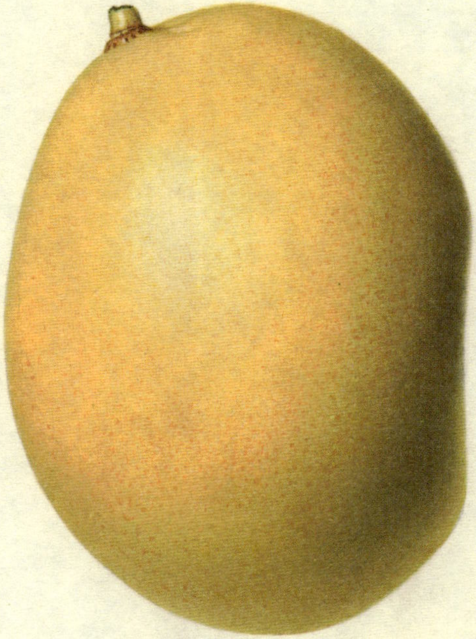

No. 95509.
Pineapple Mango.
Chris Johnson,
Marco, Florida.

R. C. Steadman.
7-6-'18
7-2-'18

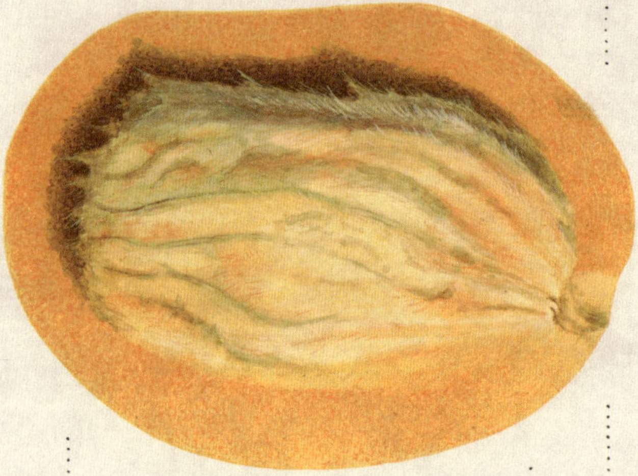

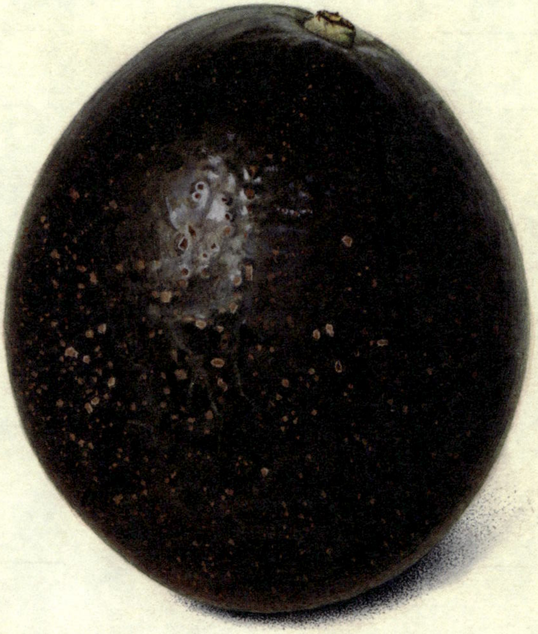

No. 93277. R. C. Steadman.
Challenge. 7-21-'17
Sent in by L. B. Scott. 7-18-'17.
Grown by J. H. Walker, Los Angeles. Cal.

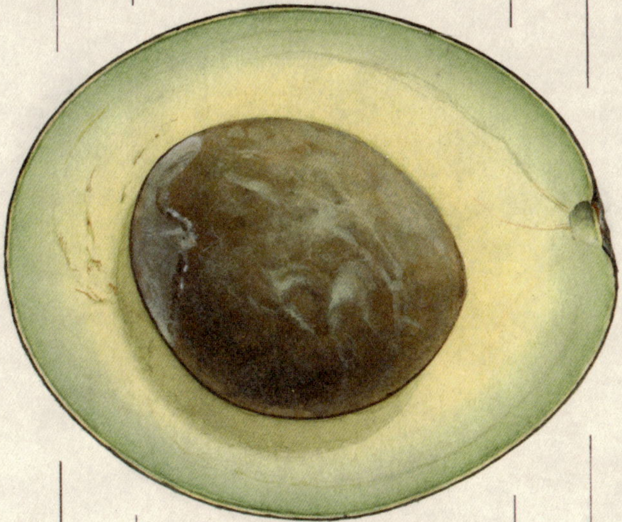

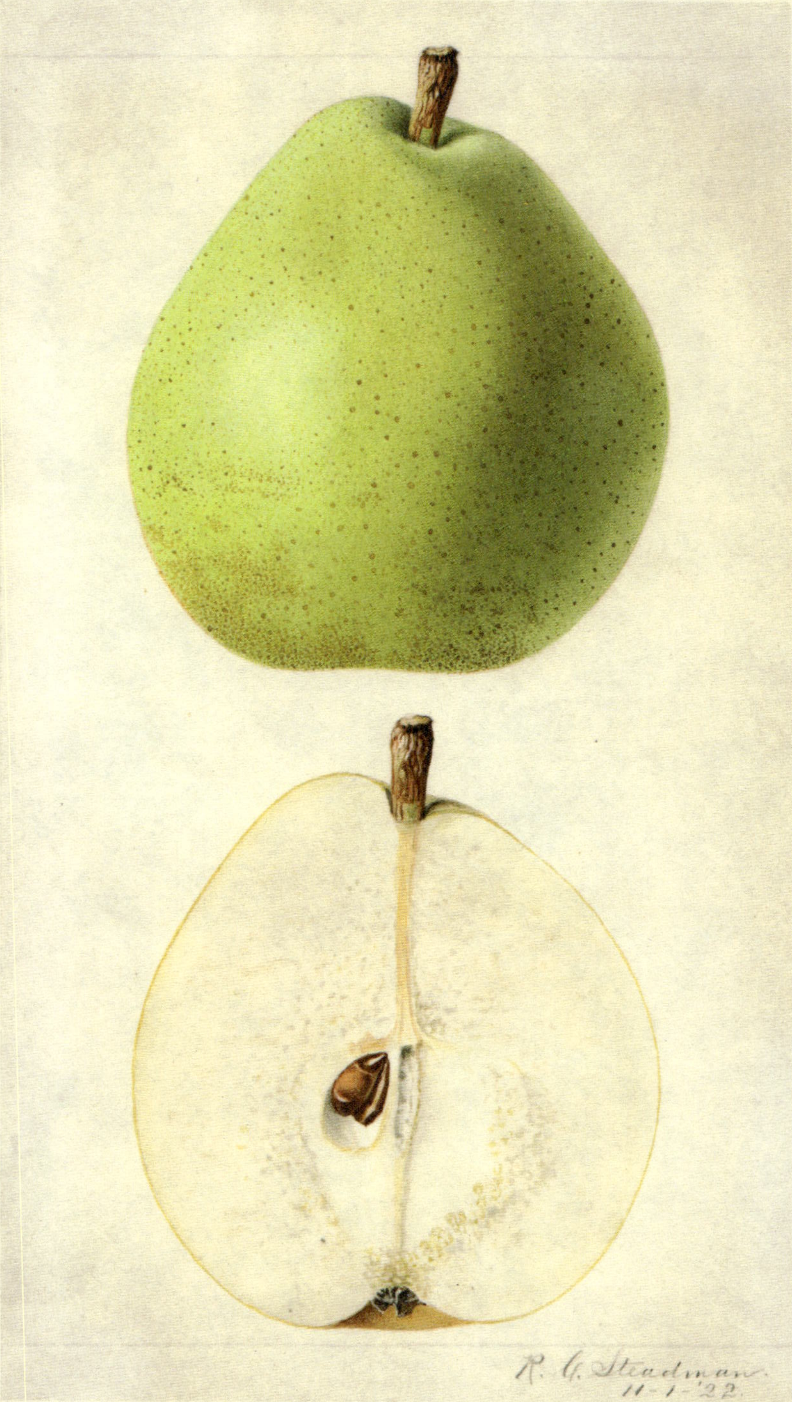
R. C. Steadman
11-1-'22

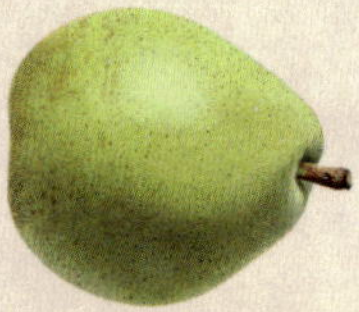

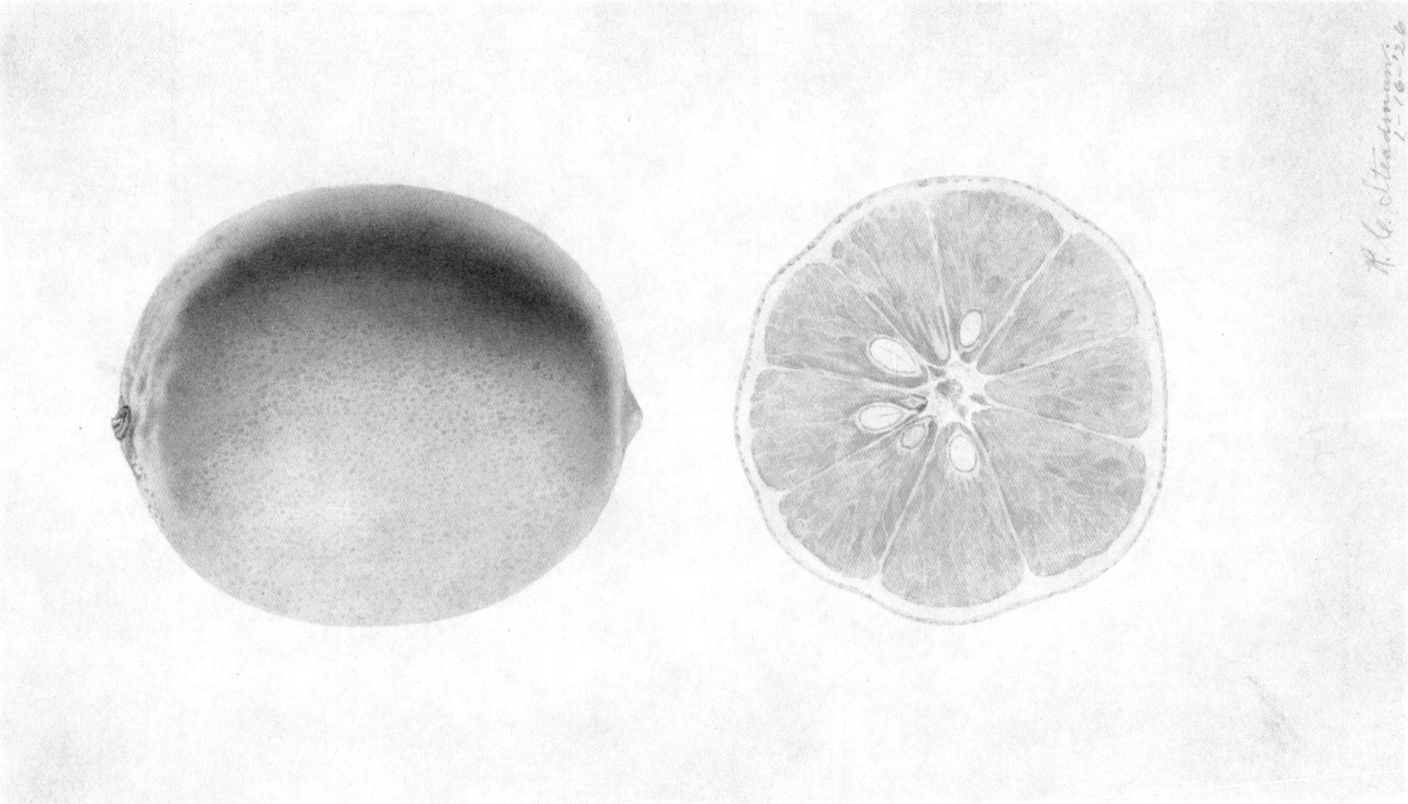

To 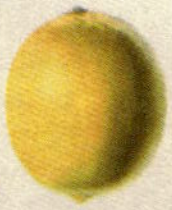

From 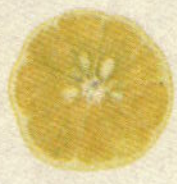

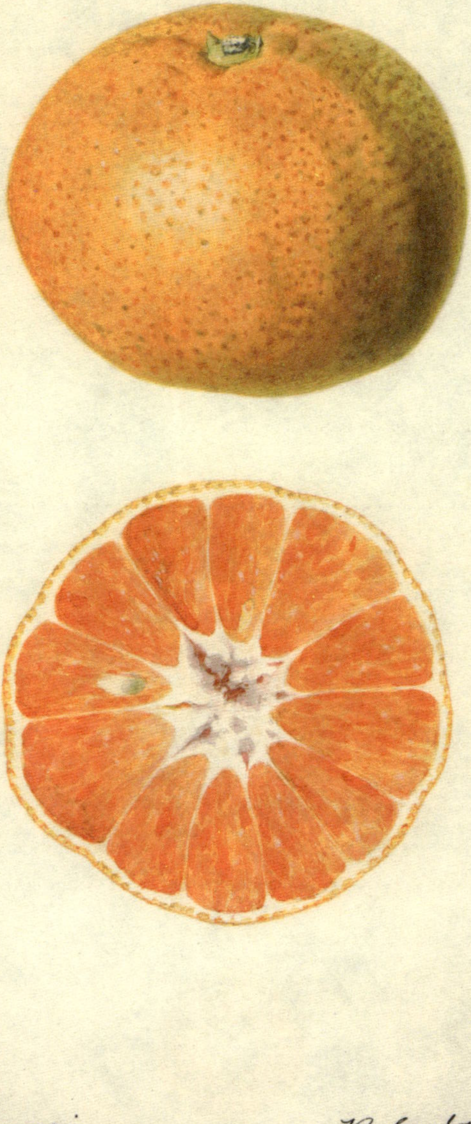

Cured Owari. R. G. Steadman.
Silver Hill, Ala. 11-20-'20.
for comparison with tree ripened fruit.

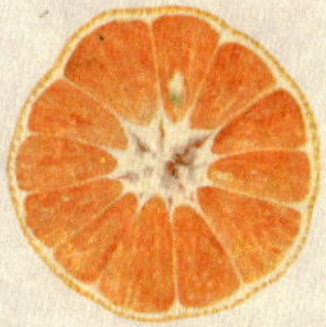

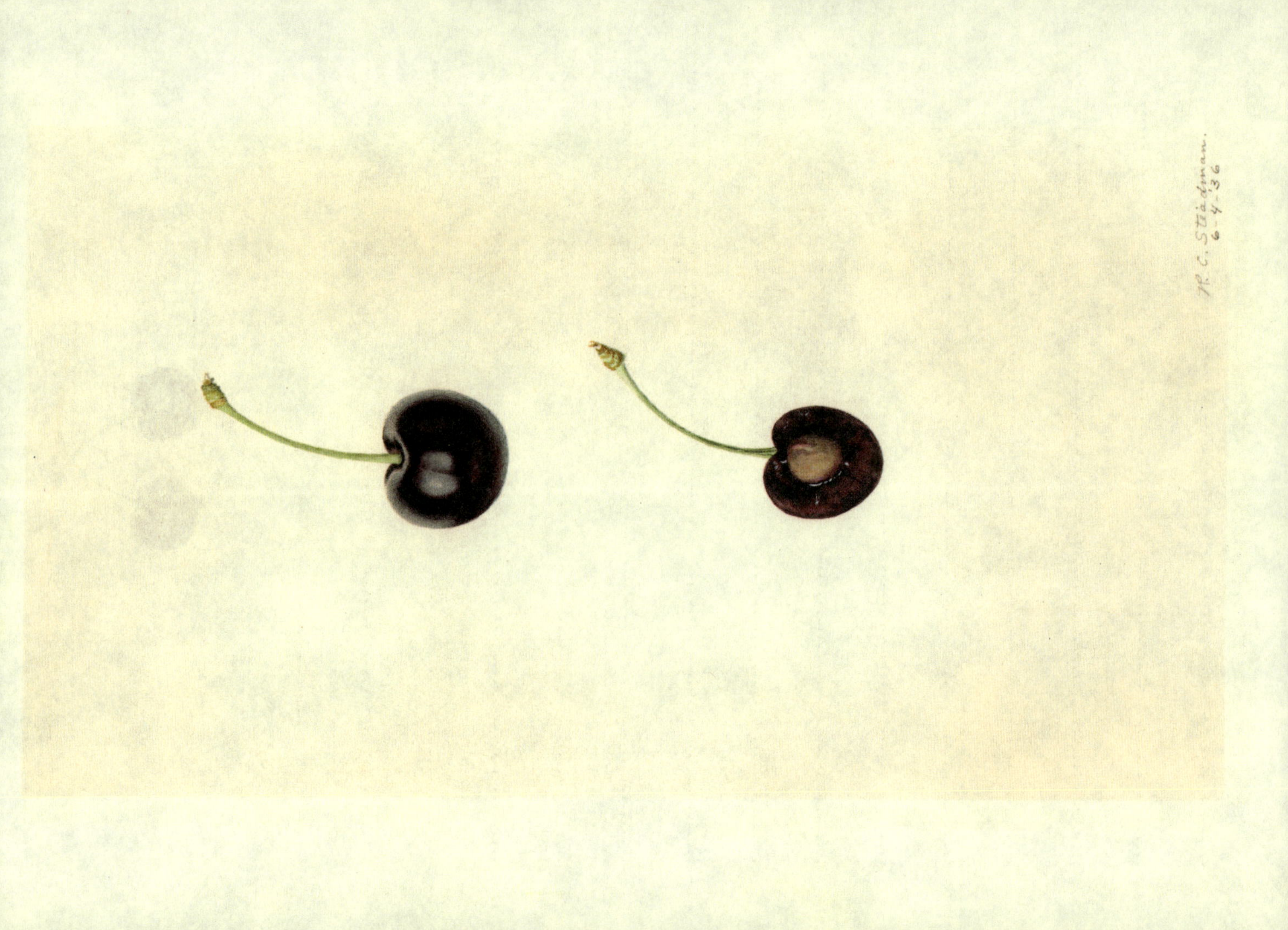
R. C. Steadman.
6-4-'36

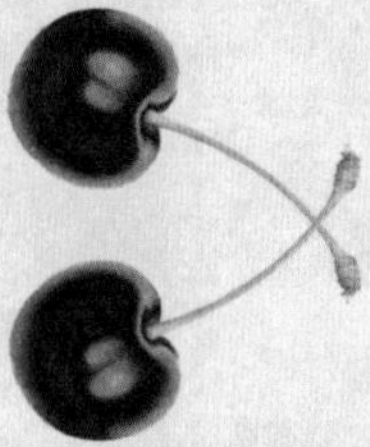

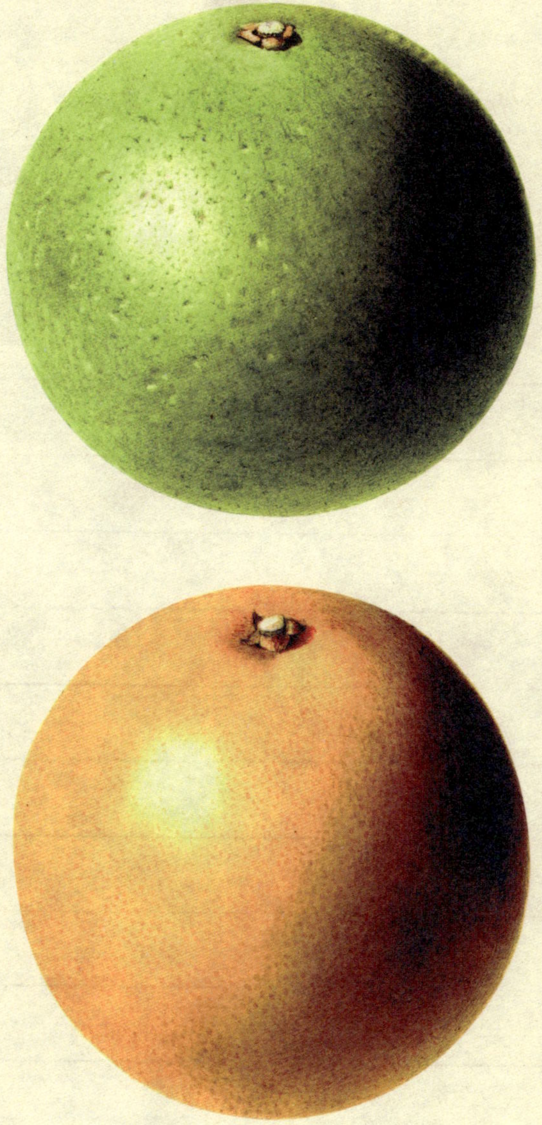

R. C. Steadman.
12-1-'21.

No. 100550
Cured and uncured Parson Brown oranges.
Orlando, Fla.

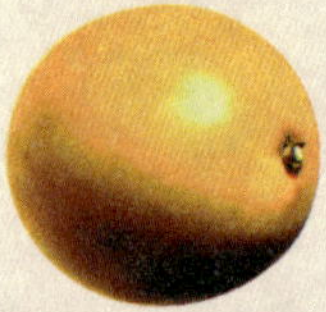

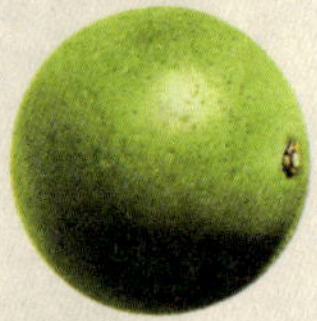

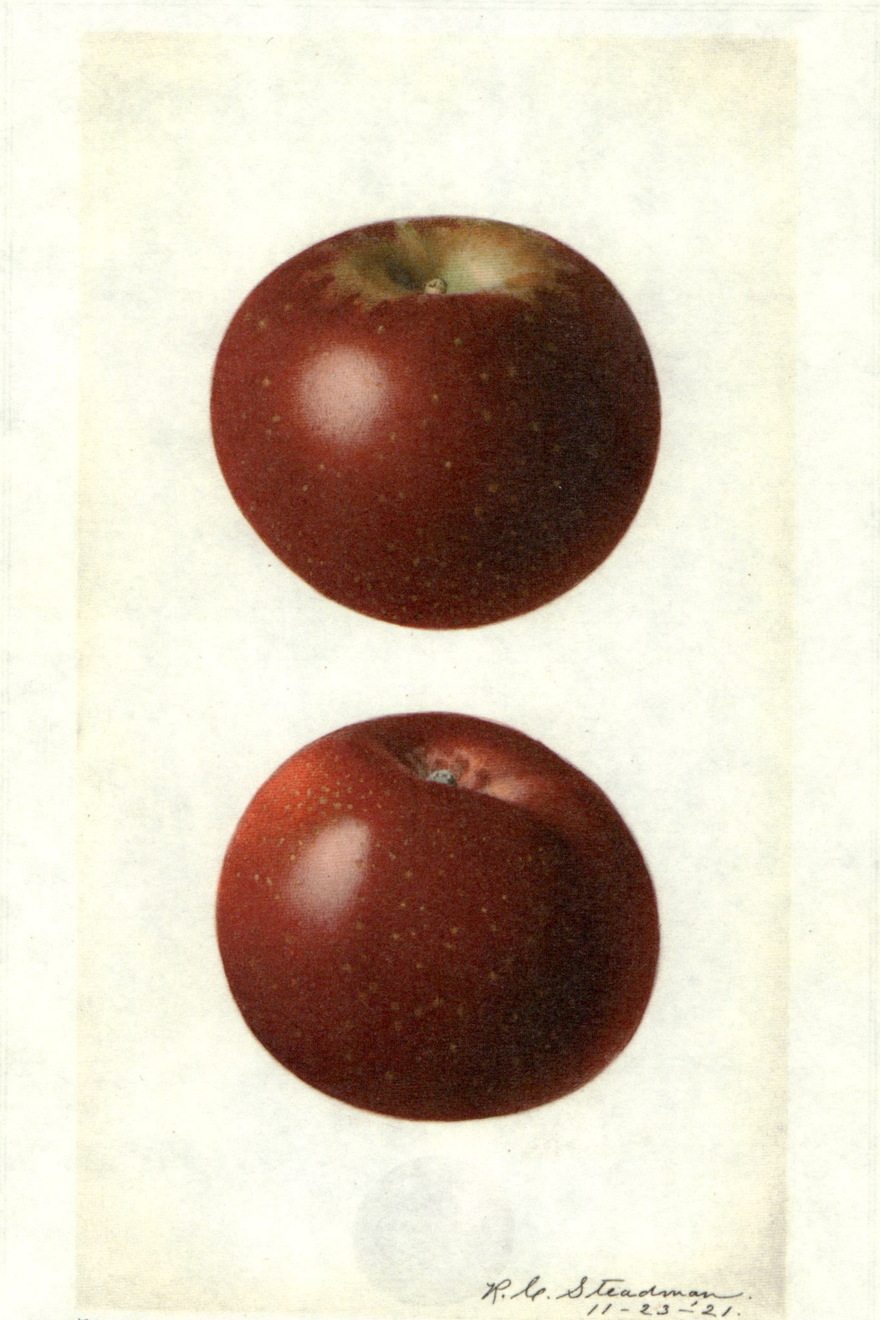
R. C. Steadman.
11-23-'21.
No. 100443.
Yates.
Consolidated Apple Grower's Exch
Cornelia. Ga.

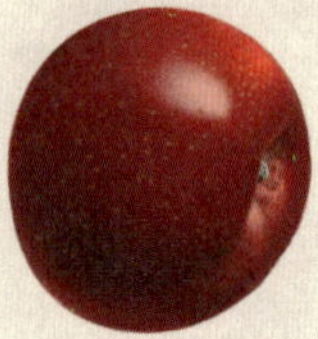

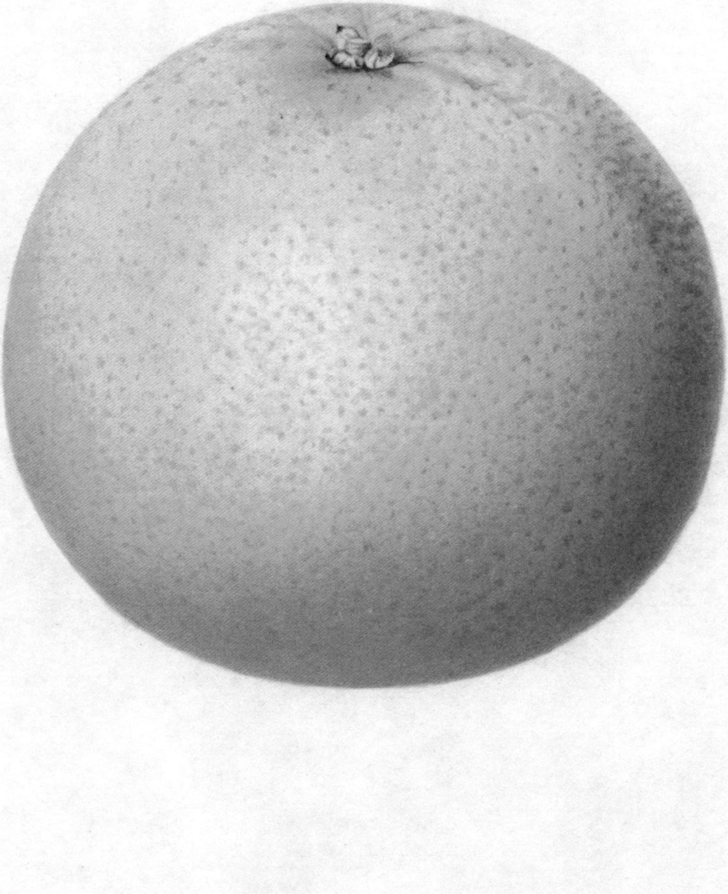

No. 96625
Marsh.
J. E. Cutler
Riverside, Cal.

R. C. Steadman.
1-16-'19
12-30-'18

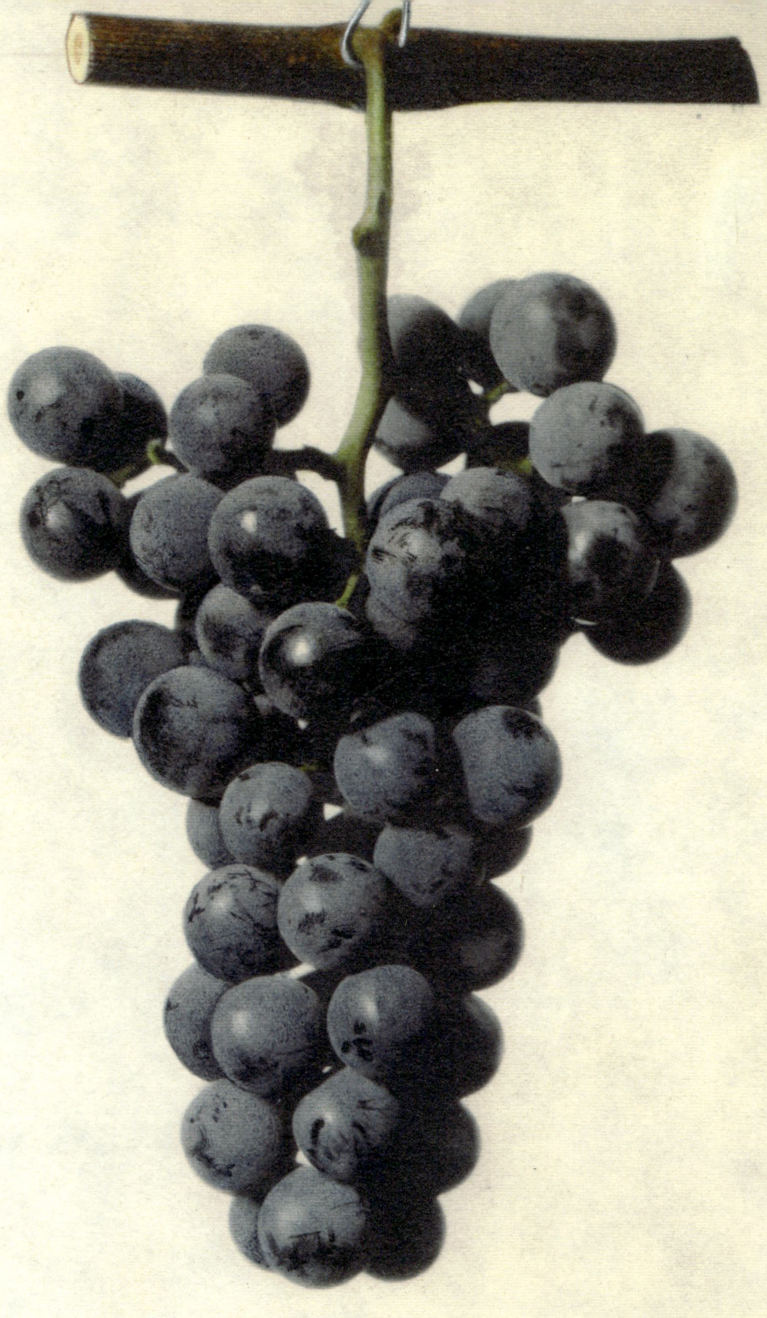
R. C. Steadman
Rockwood

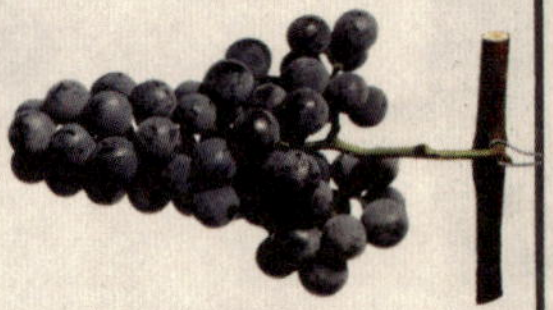

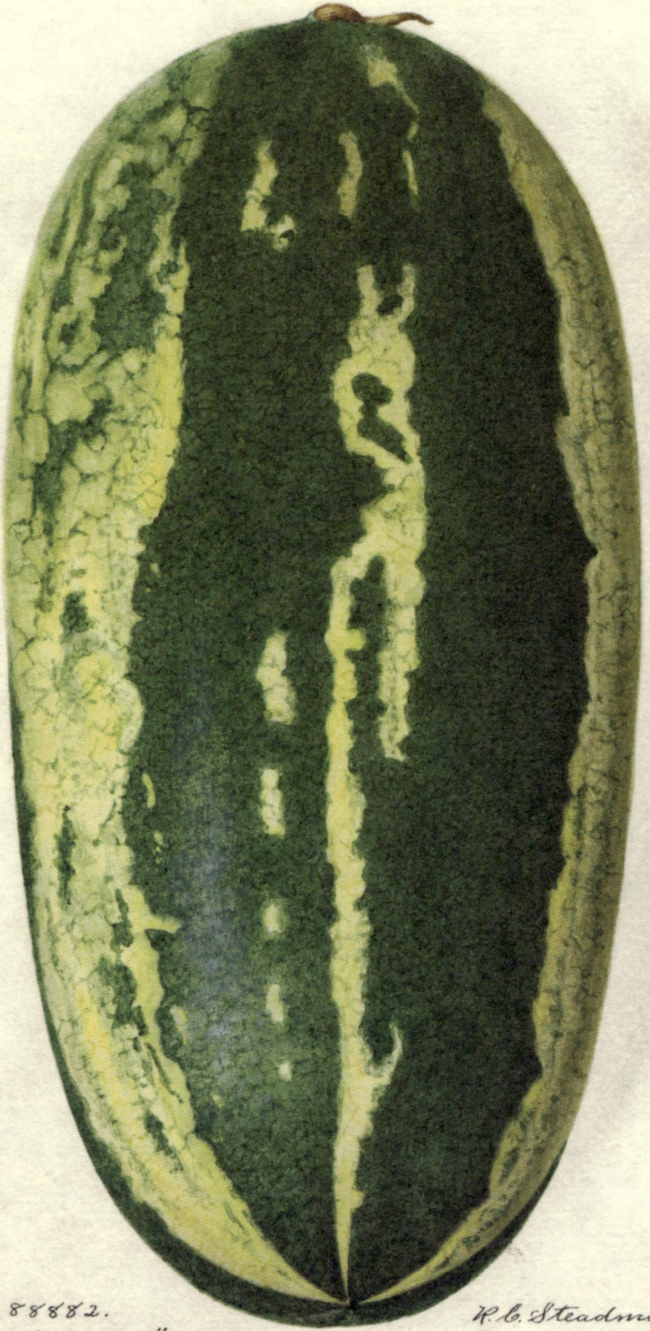

No. 88882. R. C. Steadman.
"Tom Watson." 7-1-'16

Dr. Shoemaker. 6-28-'16
Bought in Center Market.
1/3rd size.

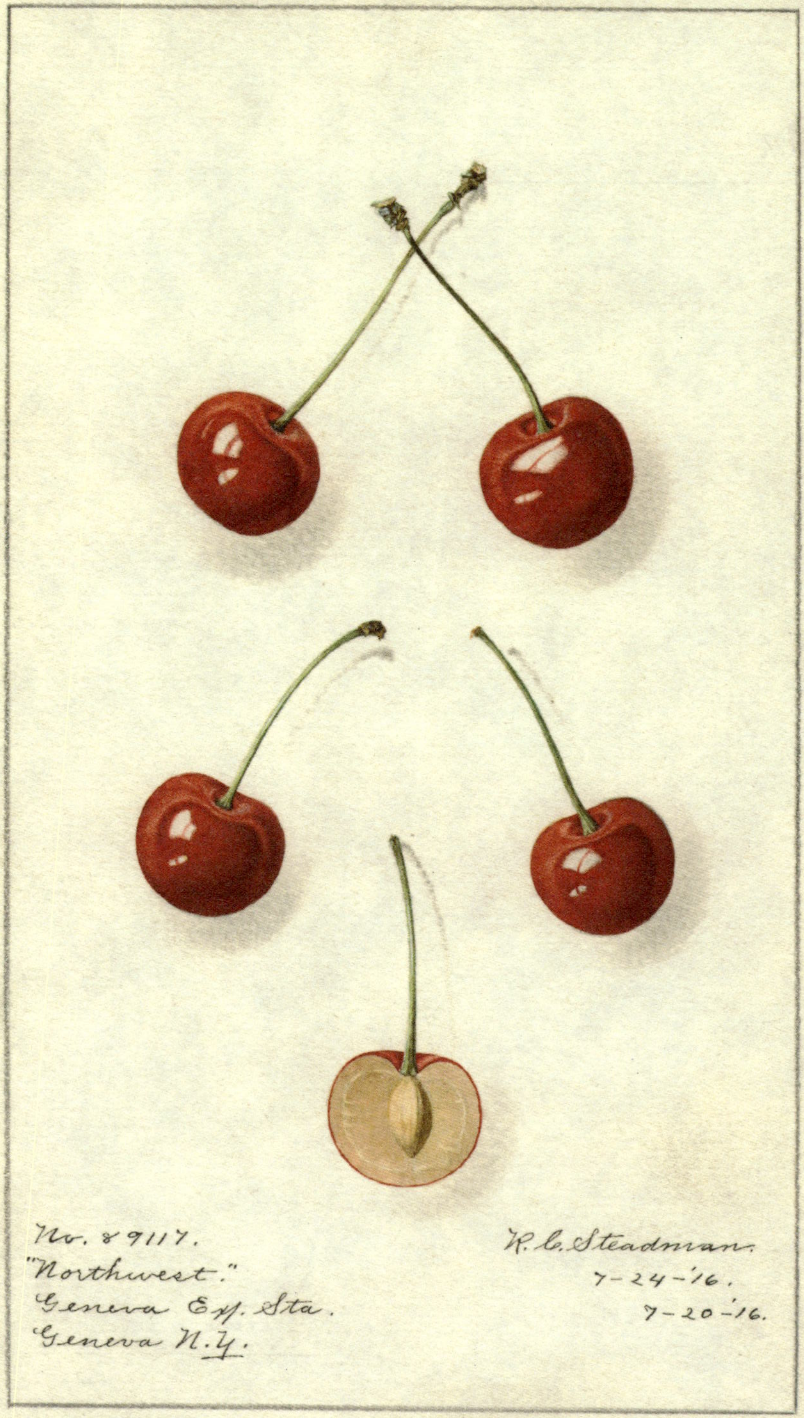
No. 89117.
"Northwest."
Geneva Exp. Sta.
Geneva N.Y.
R.C. Steadman.
7-24-'16.
7-20-'16.

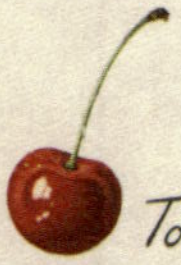

To

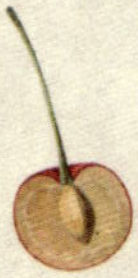

From

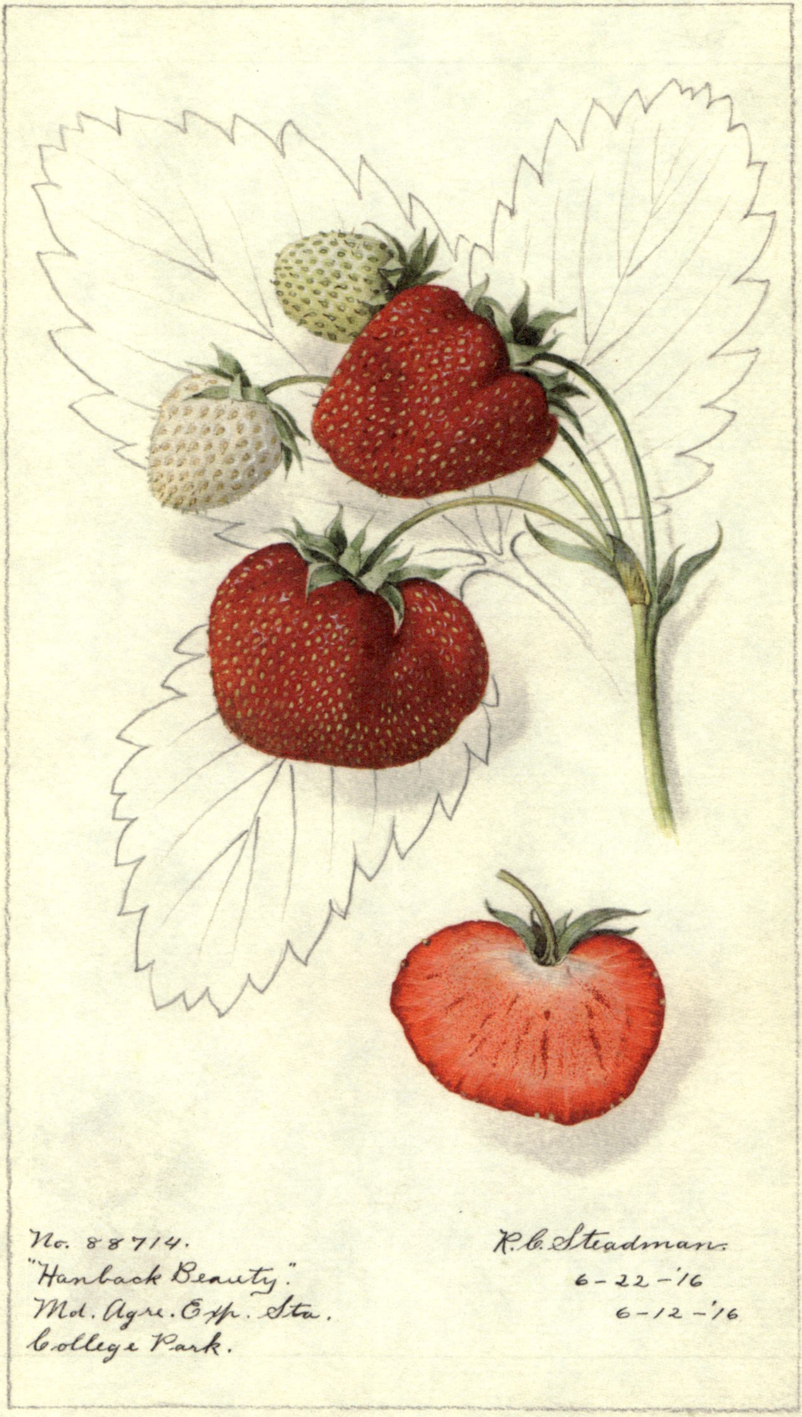
No. 88714.
"Hanback Beauty".
Md. Agre. Exp. Sta.
College Park.
R.C. Steadman.
6-22-'16
6-12-'16

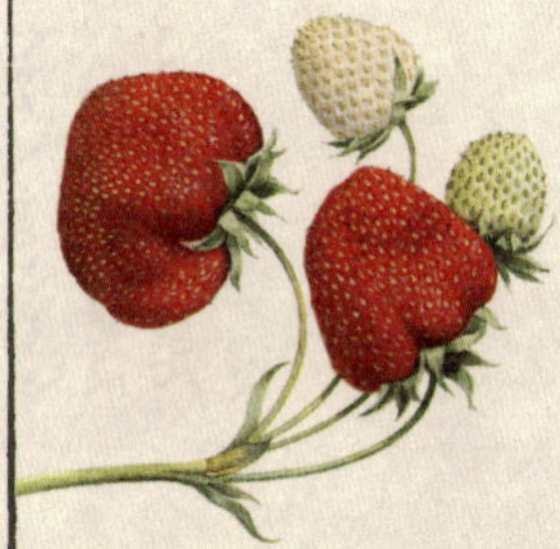

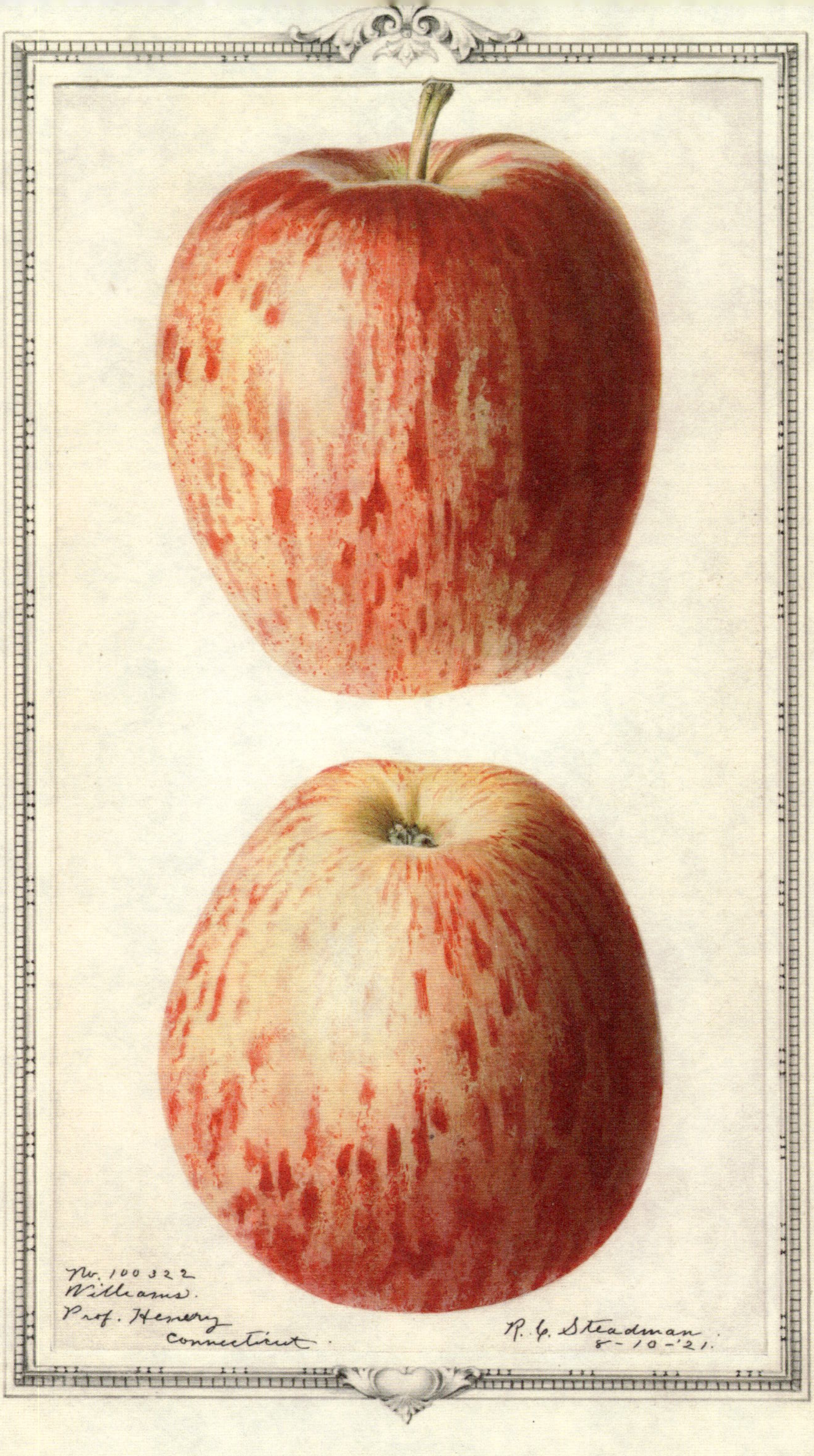
No. 100322
Williams.
Prof. Henry
Connecticut.
R. G. Steadman.
8-10-'21.

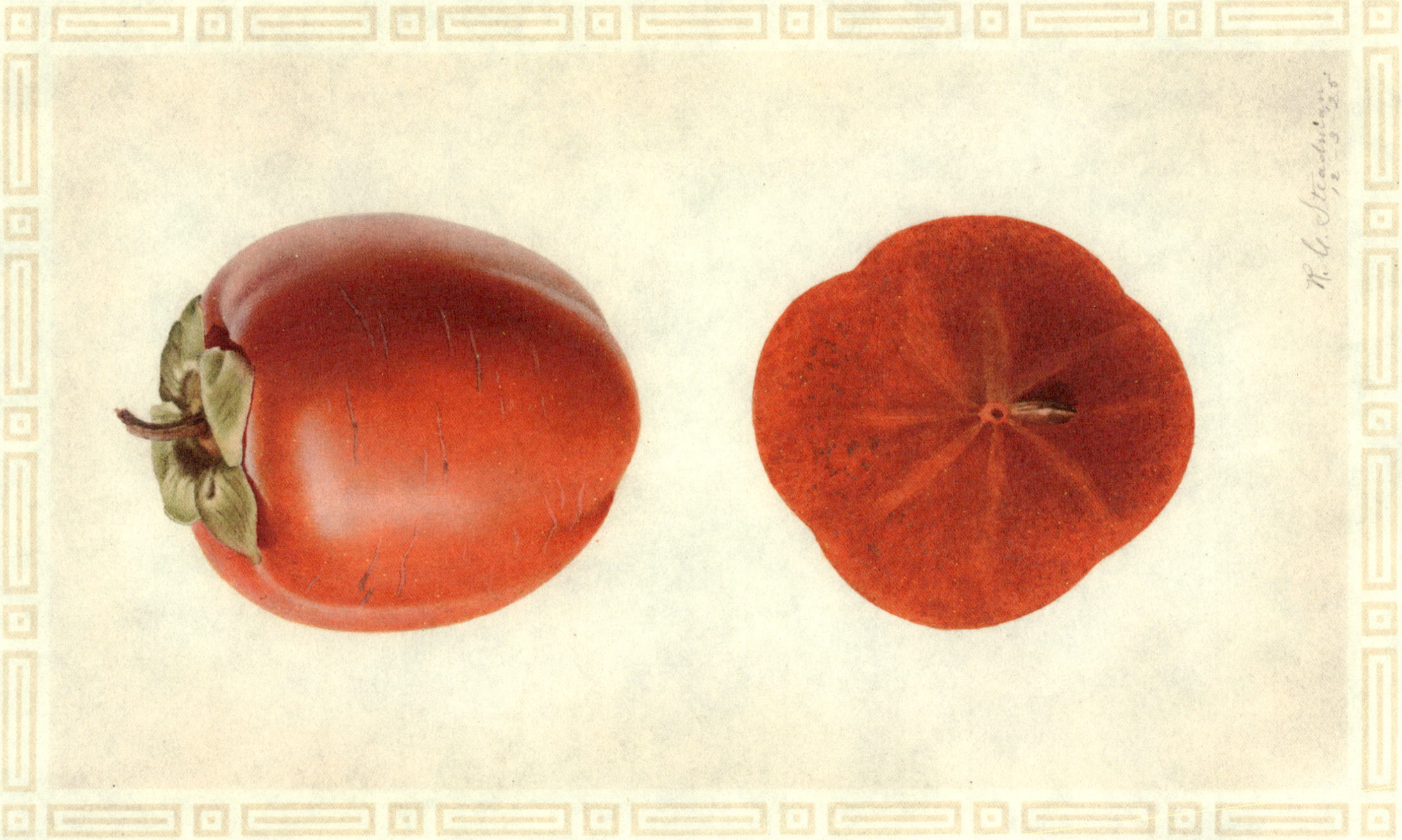
R. C. Steadman
12-3-25

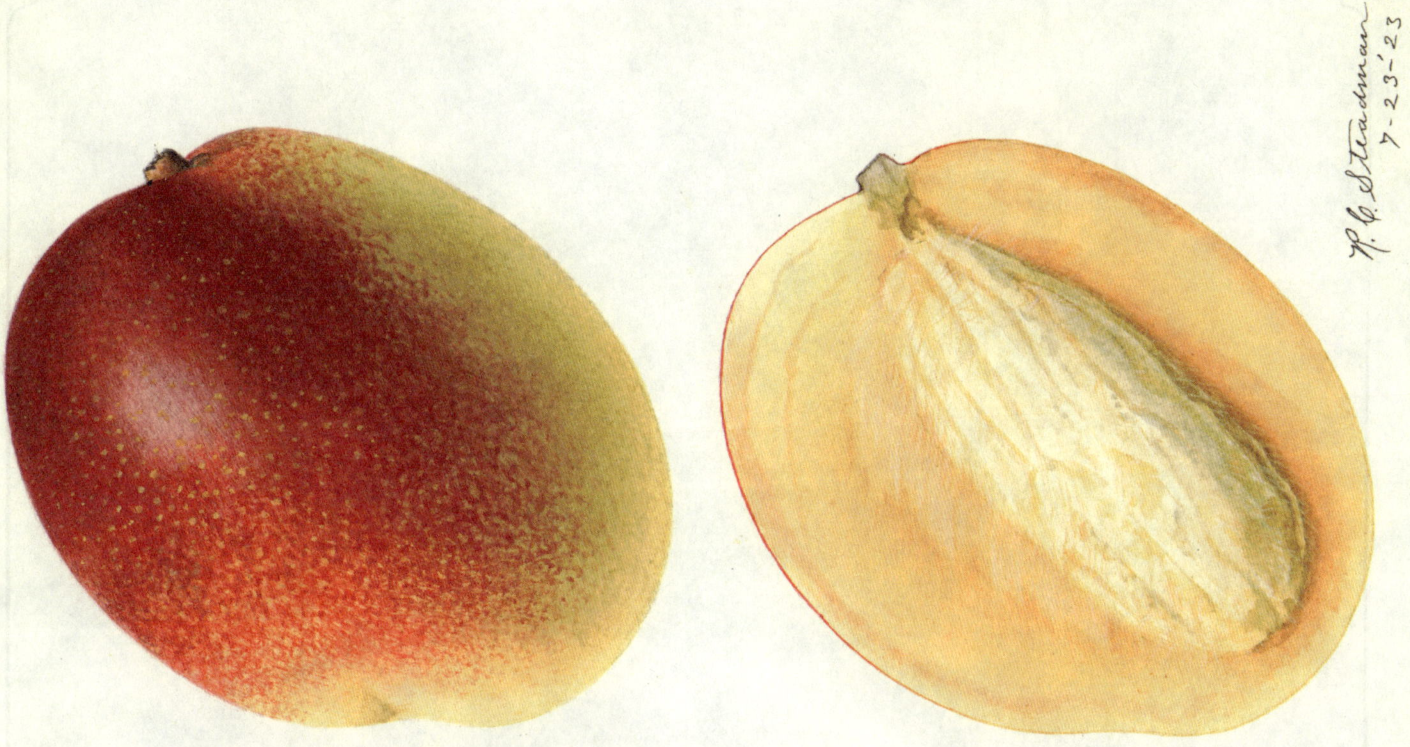
R. C. Steadman
7-23-'23

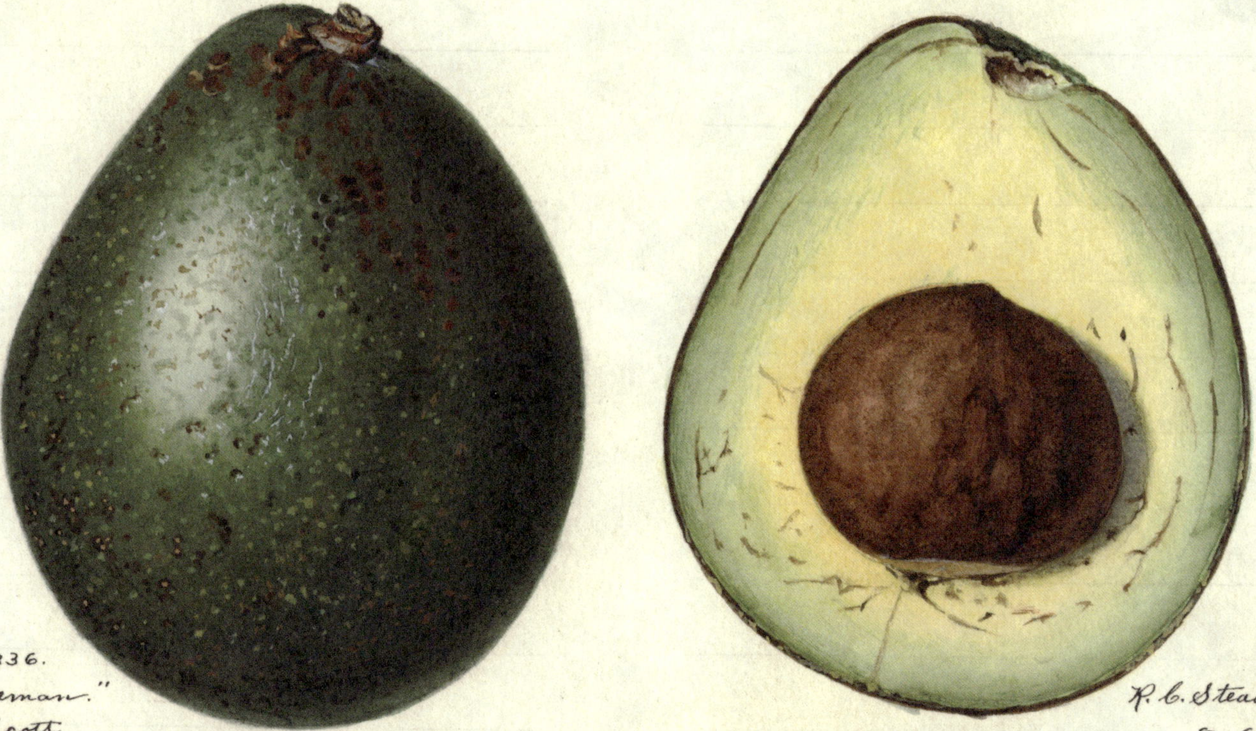

No. 93336.
"Blakeman."
L. B. Scott,
E. L. Dickey, Hollywood, Caly.

R. C. Steadman.
8-6-'17
7-31-'17

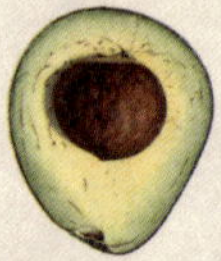

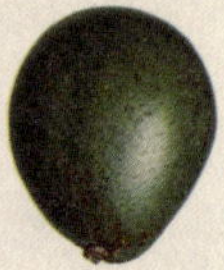

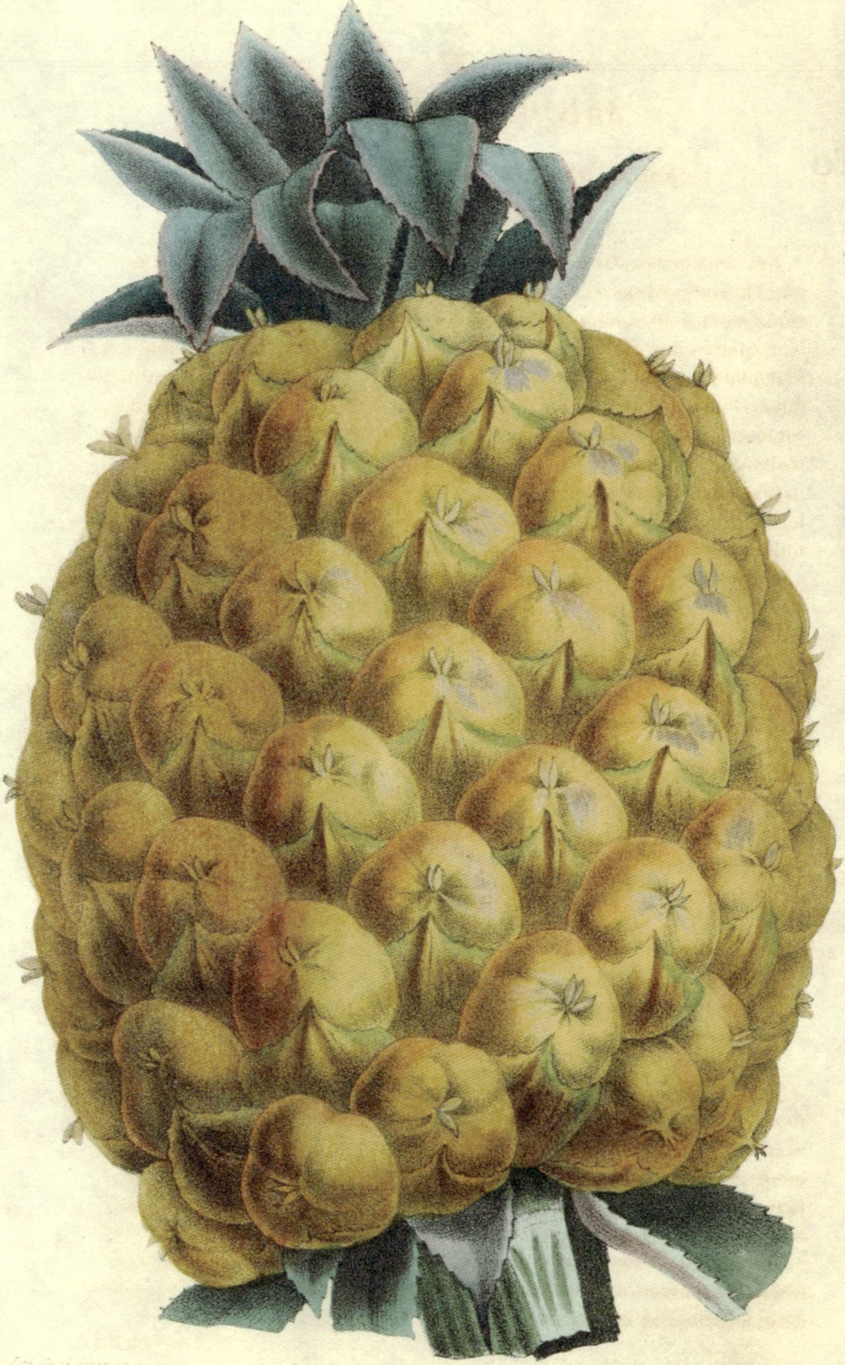

Ananas d'Otahiti

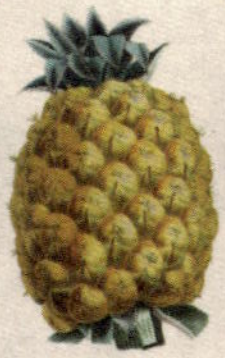

To

From

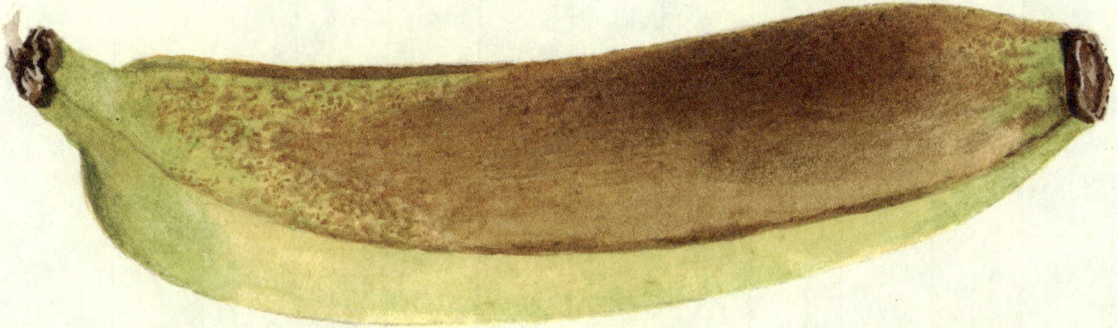

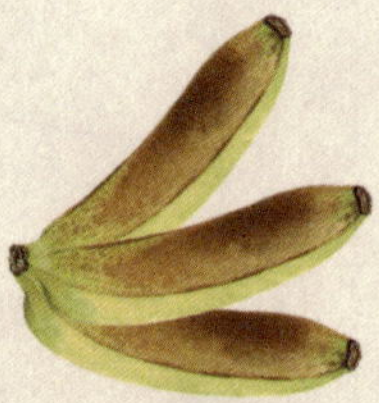

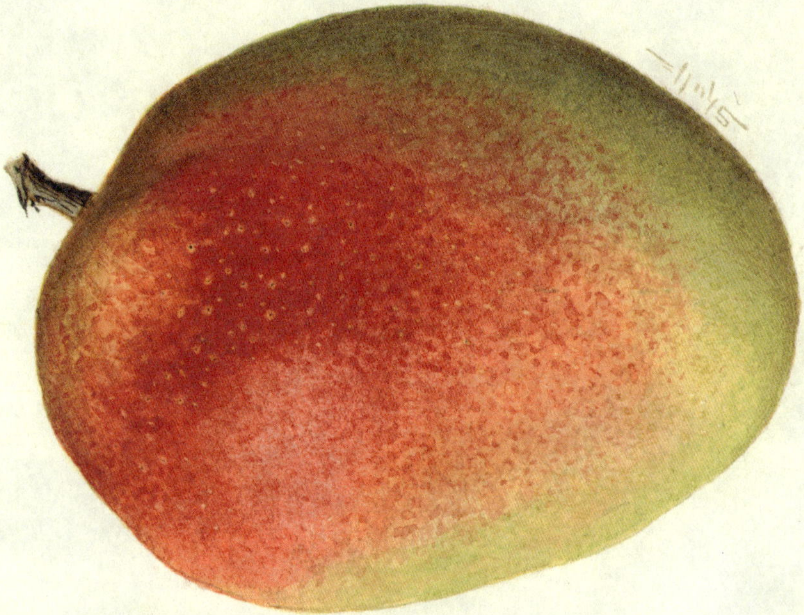

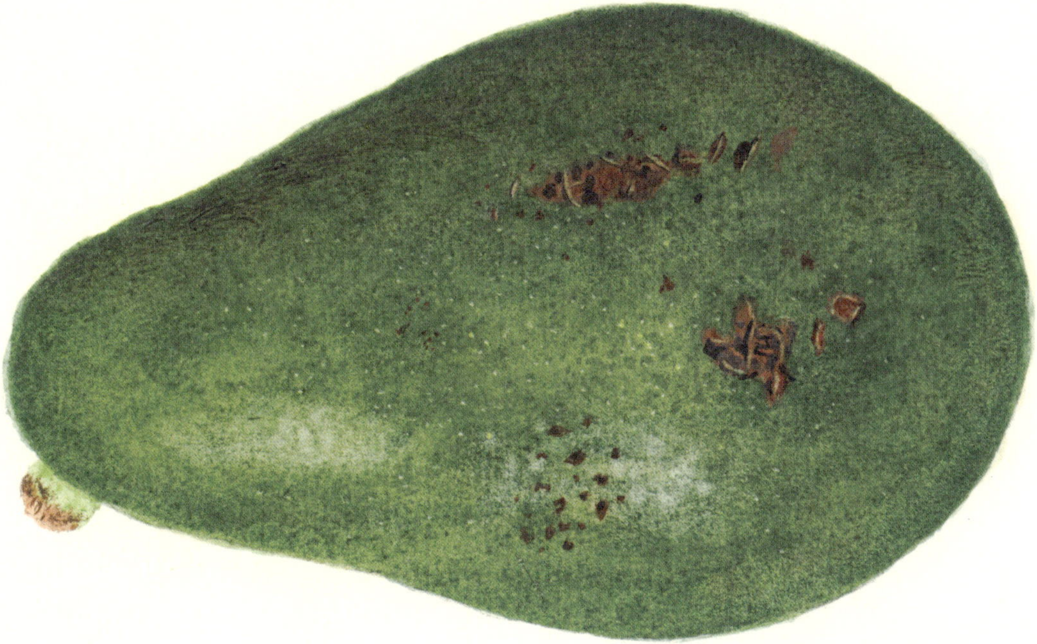

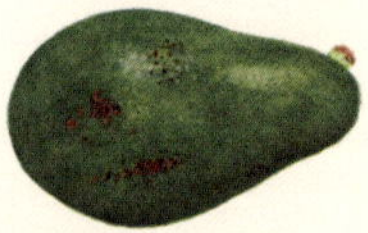

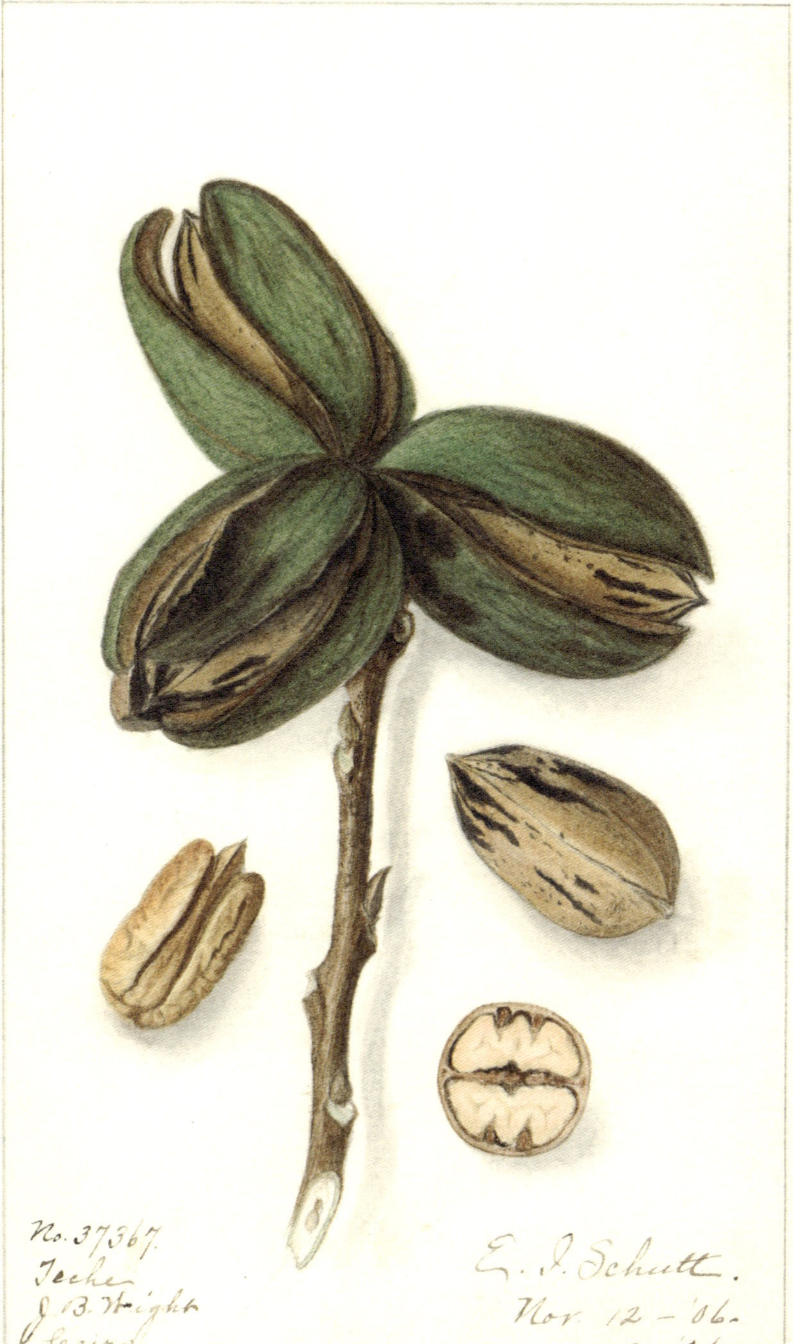
No. 37367.
Teche
J. B. Wright
Cairo-
Grady-Co, Ga.
E. I. Schutt.
Nov. 12 - '06.
" 13. '06-

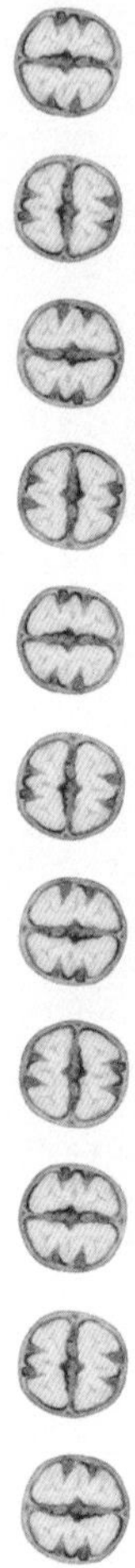

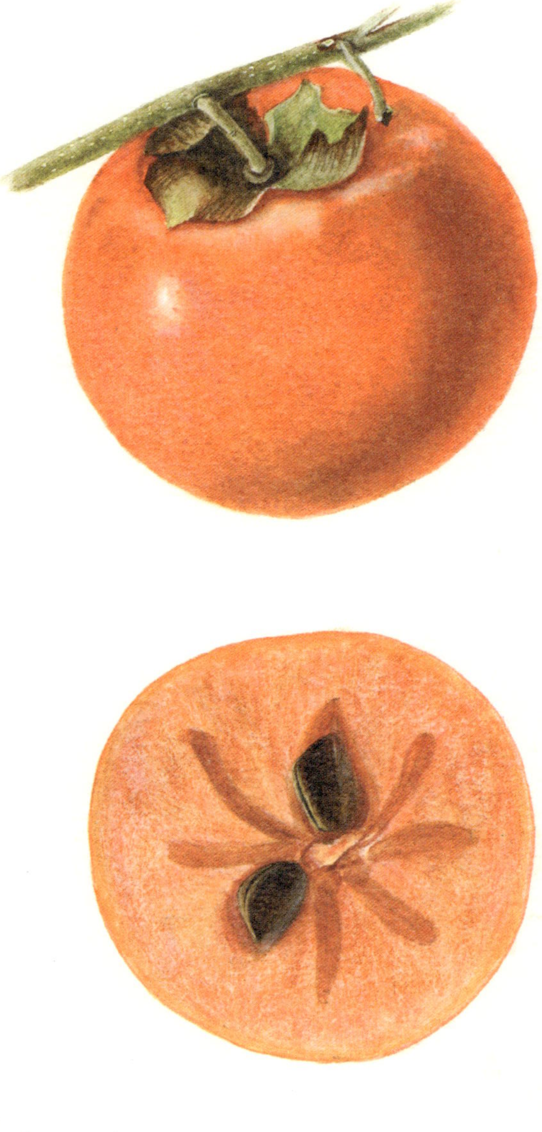

23429
"Shimo-Maru"
J. S. Breece
Fayetteville
Cumberland Co., N. C.
11/11/01

B. Heiges
11/26/01

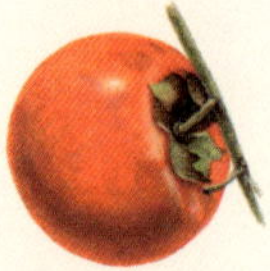

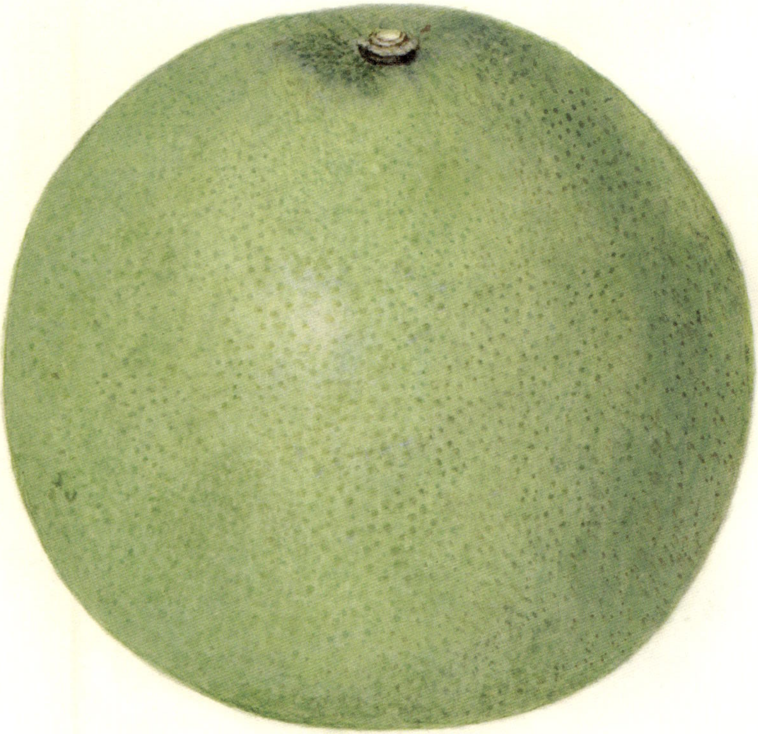

Common Fla., Grape fruit
Tree 4. Row 40
Picked Aug. 25, and held in storage
Onedora Grove
Fla.

A. A. Newton
9-4-1919

To

From

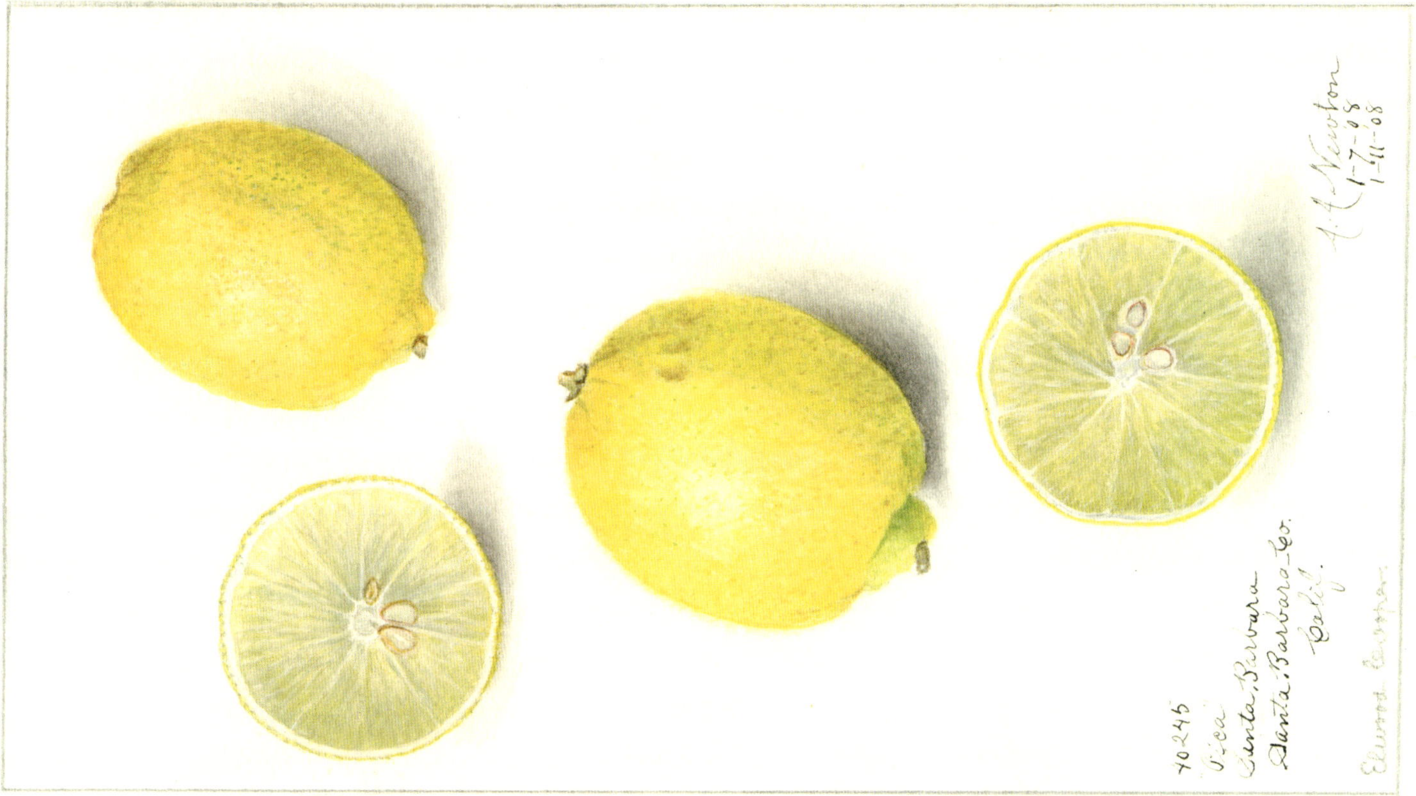
40245
Santa Barbara
Santa Barbara Co.
Calif.
A. A. Newton
1-7-08
1-11-08

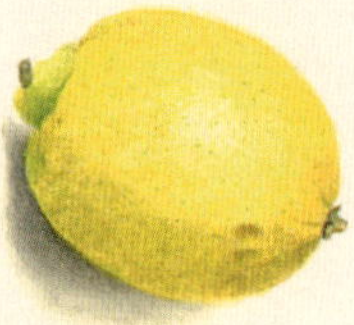

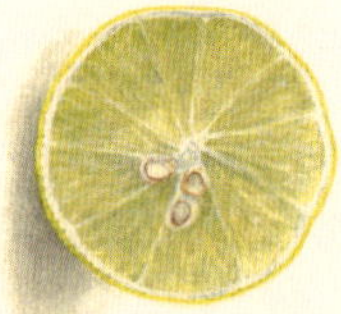

T. 7. N° 22.

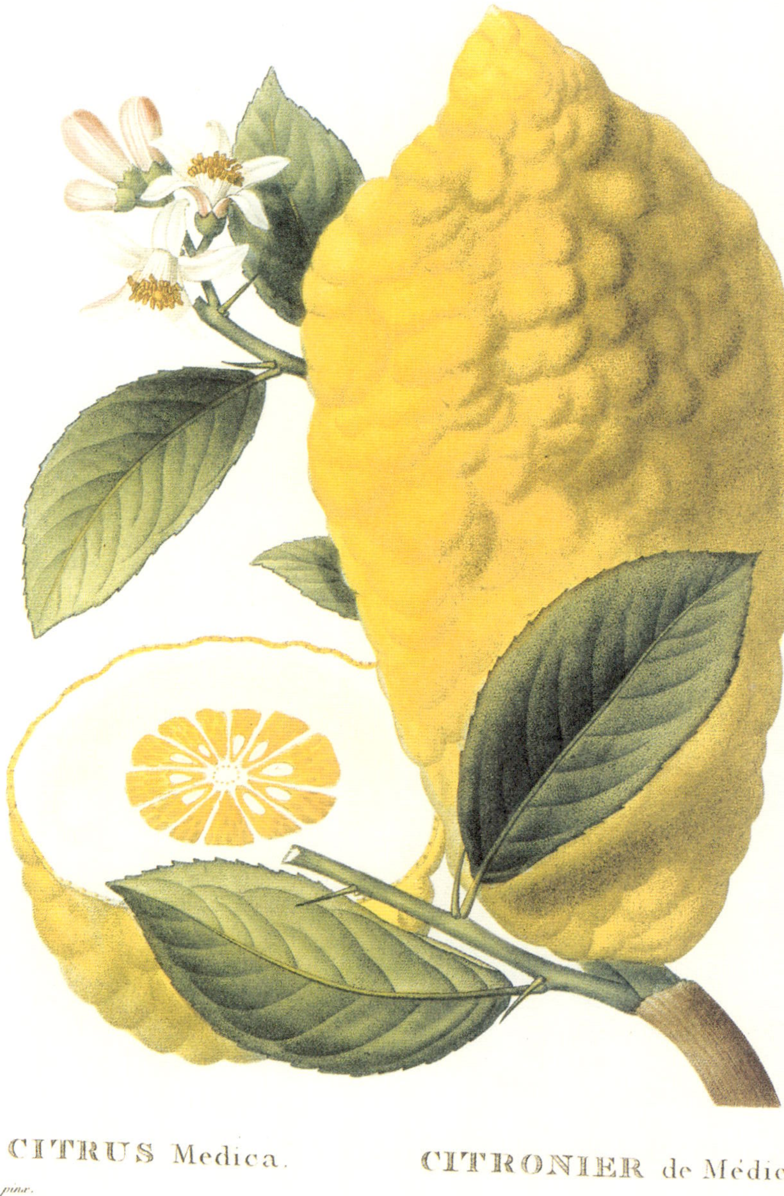

CITRUS Medica. CITRONIER de Médic.

P. Bessa pinx. Gabriel sculp.

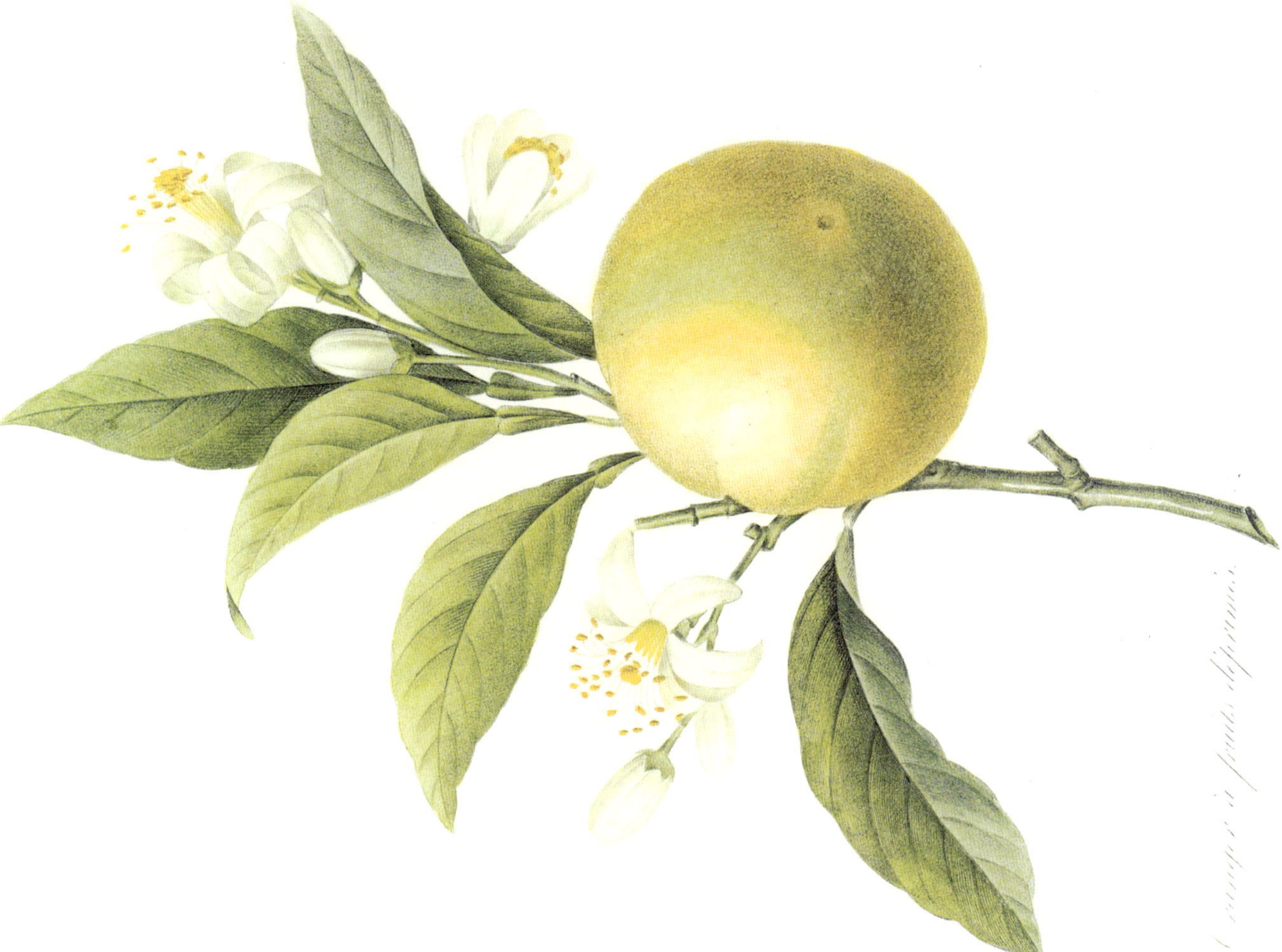

Oranger à fruits déprimés

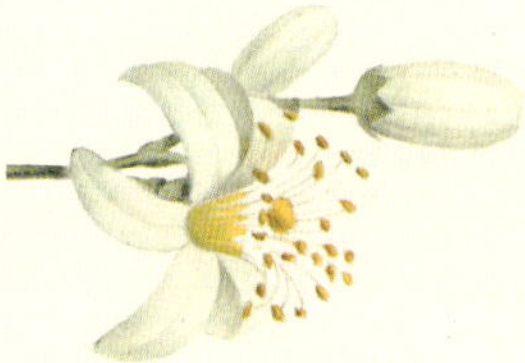

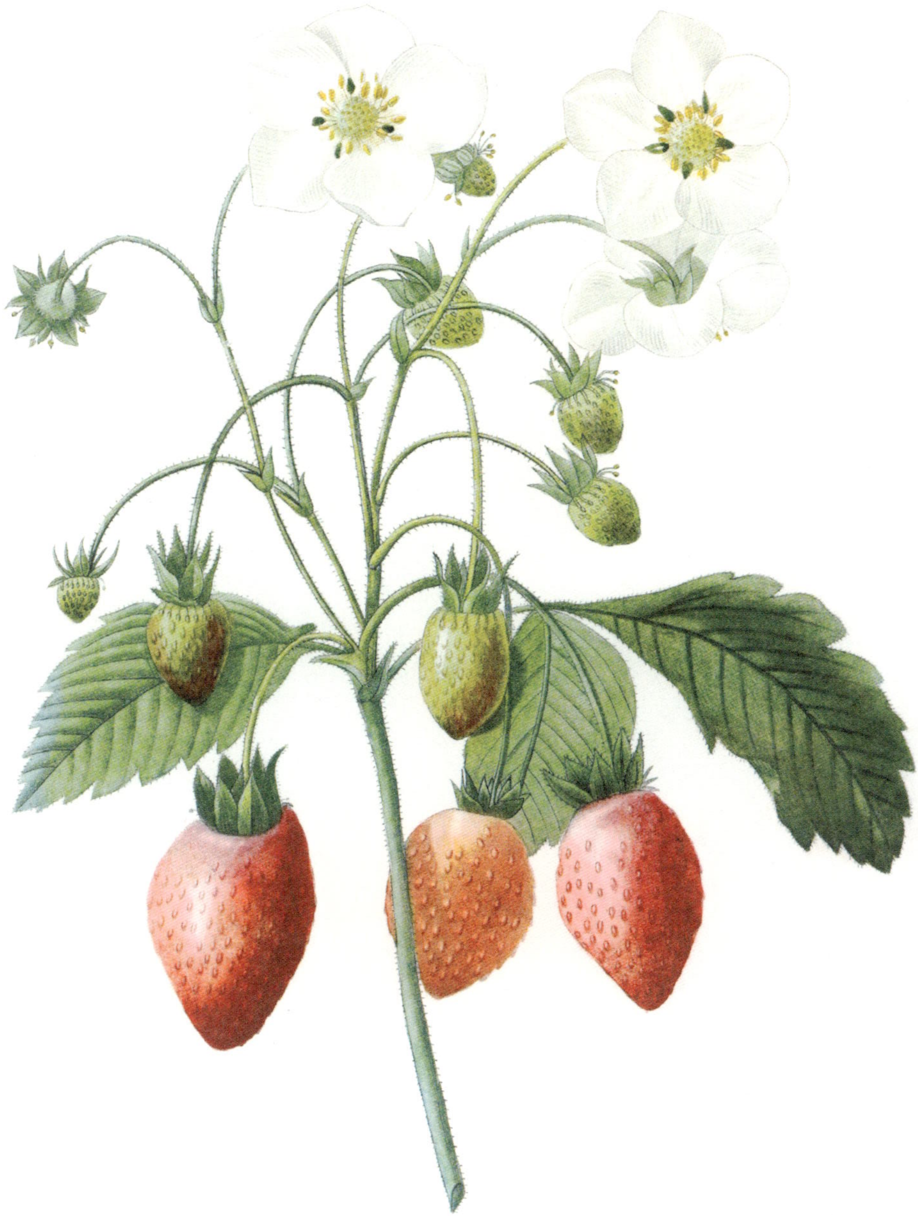

Fraisier à Bouquets. Fragaria.

P. J. Redouté — 103. Chapuis.

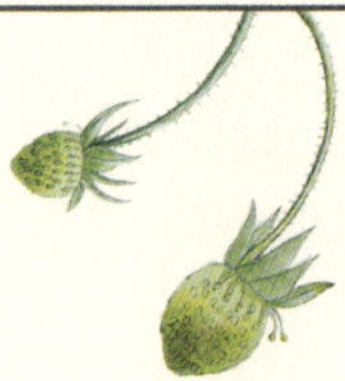

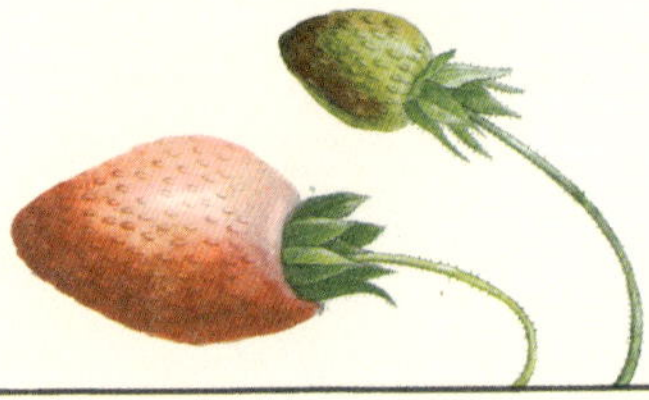

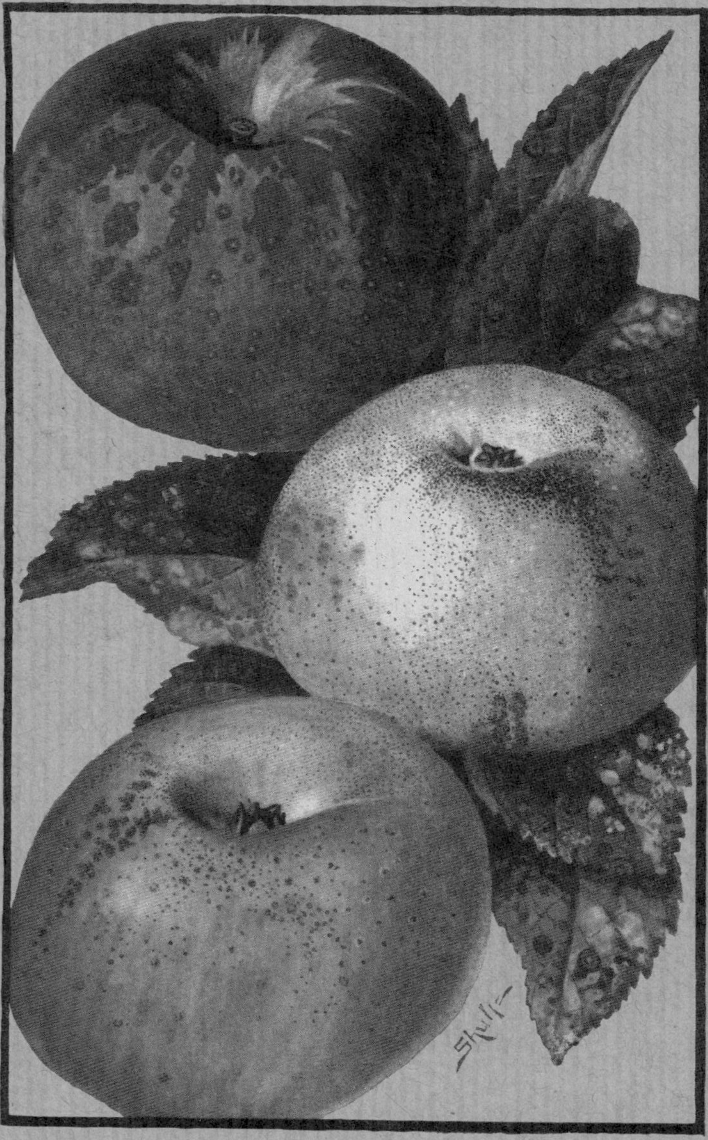

COPPER INJURY TO FRUITS AND LEAVES OF APPLE

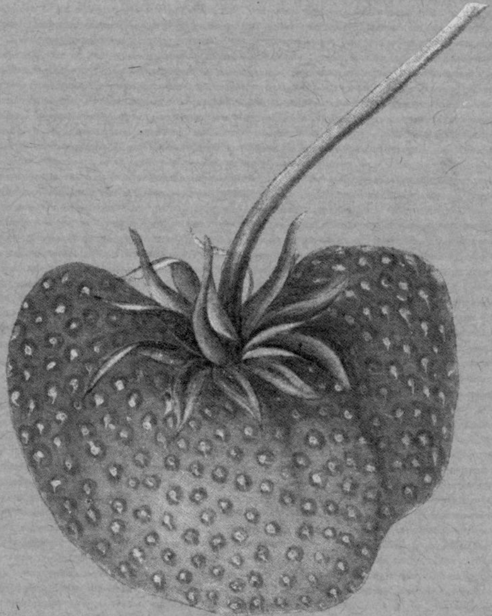

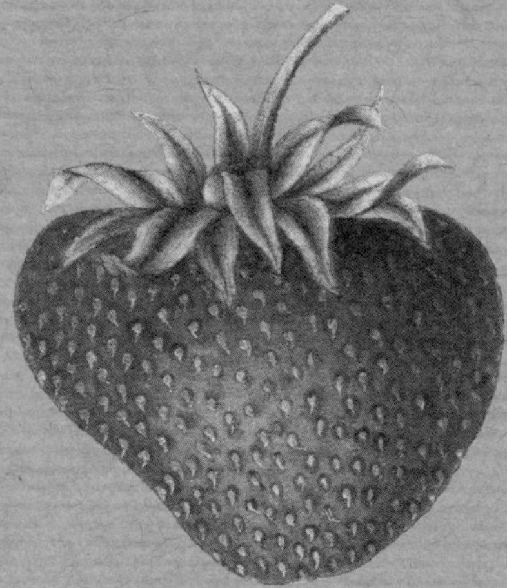

Davies No. 25.
Received from J. J. Davie Washington New Jersey.
June 17th 1890.

George Washington
Wm. C. Prestele Fecit.

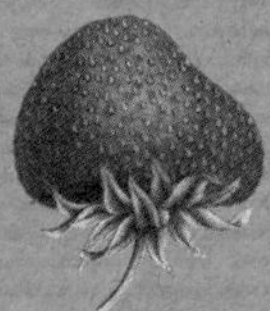

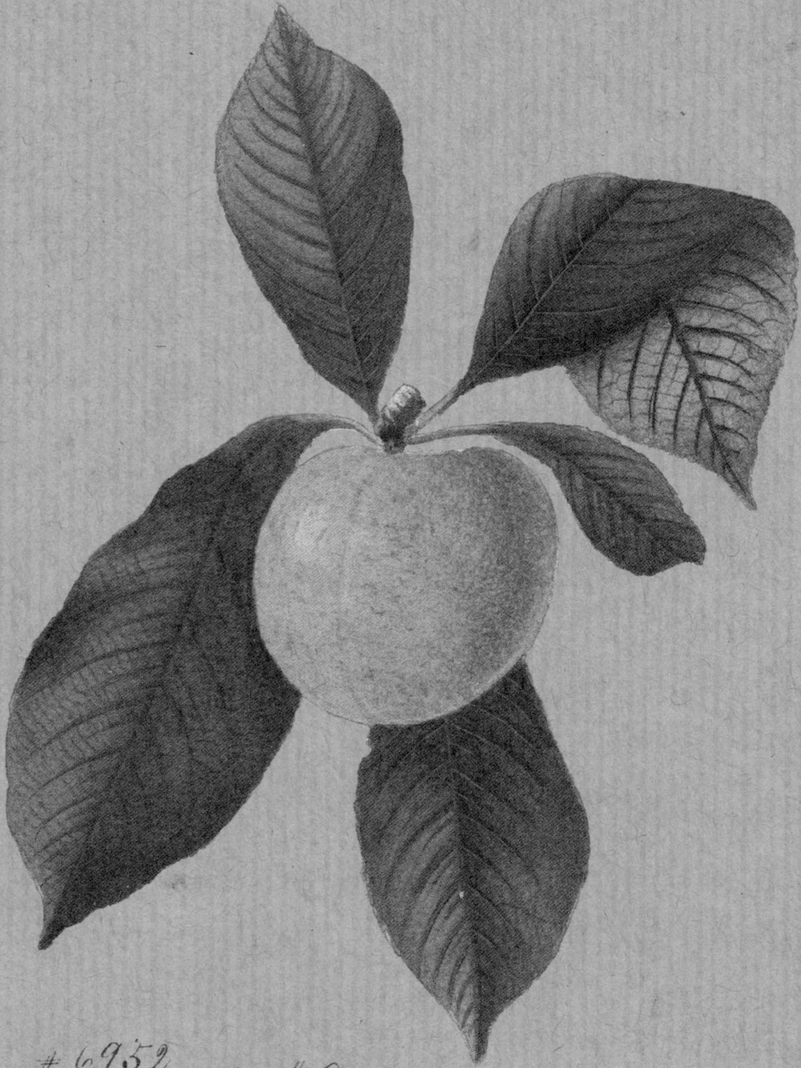

\# 6952.

"Ogon"

from J. G. Rush
West Willow
Lancaster Co. Pa.

Wm. H. Prestele fecit.

Aug. 8–94

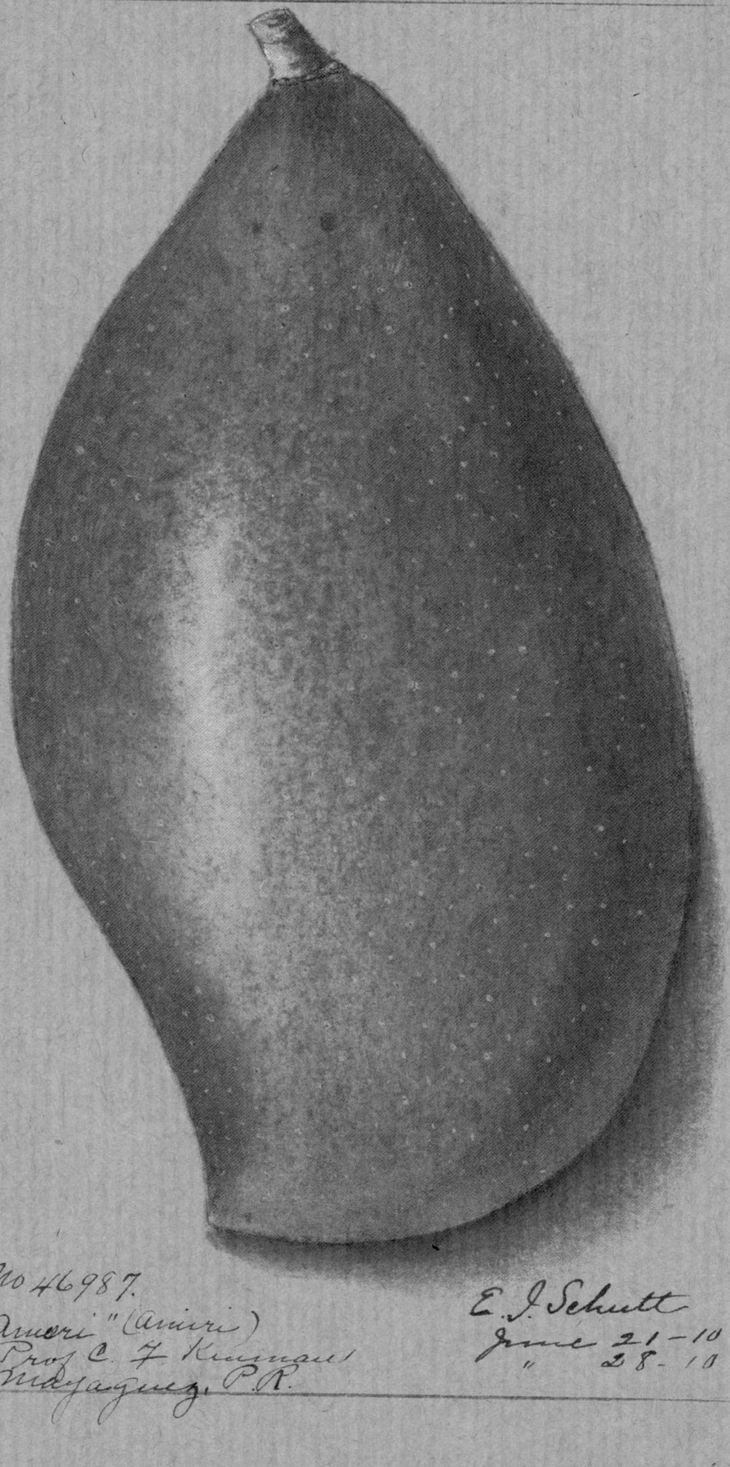

No 46987.
"Amori" (Amiri)
Prof C. F. Kinman
Mayaguez, P.R.

E. I. Schutt
June 21-10
" 28-10

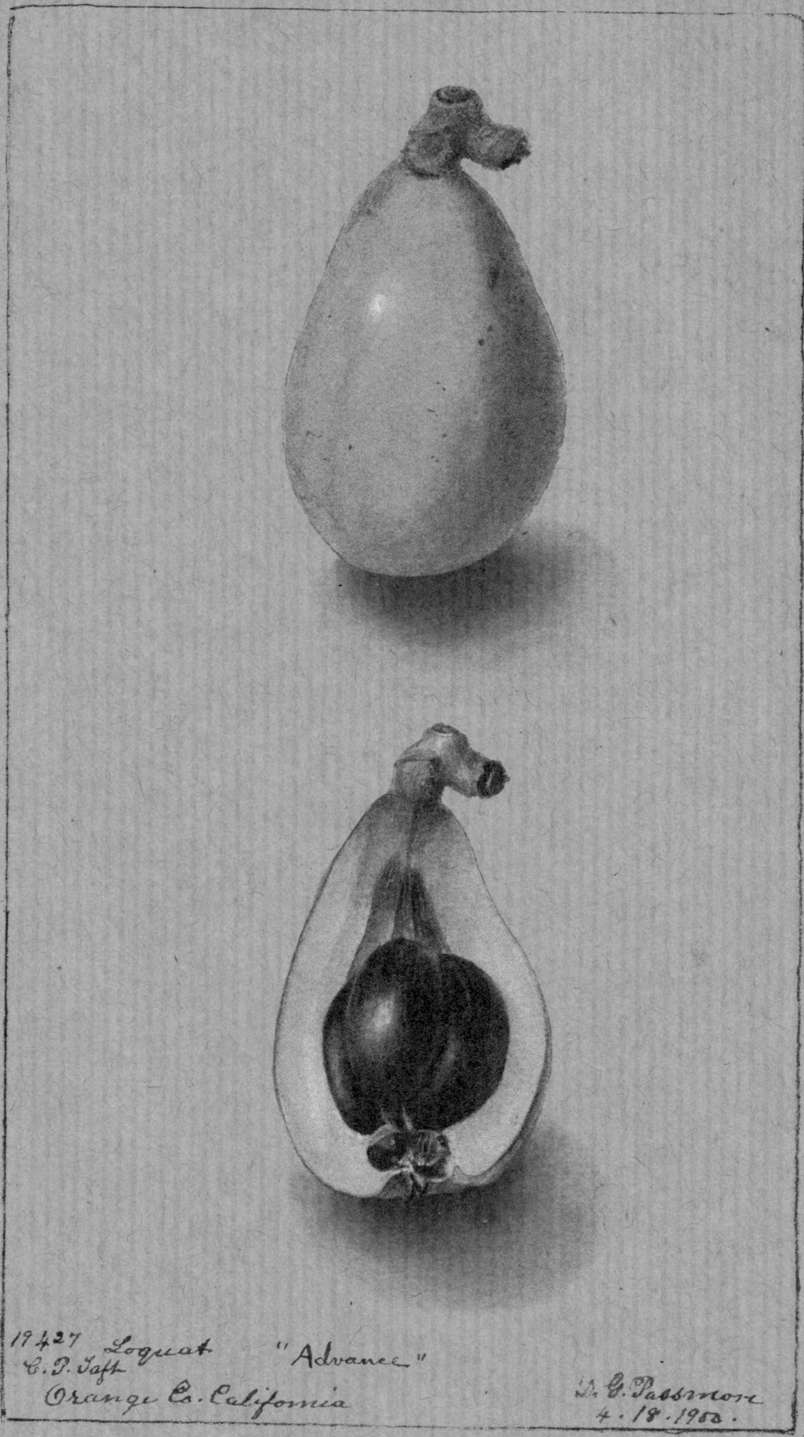
19427 Loquat
C. P. Taft
"Advance"
Orange Co. California
D. G. Passmore
4 . 18 . 1908 .

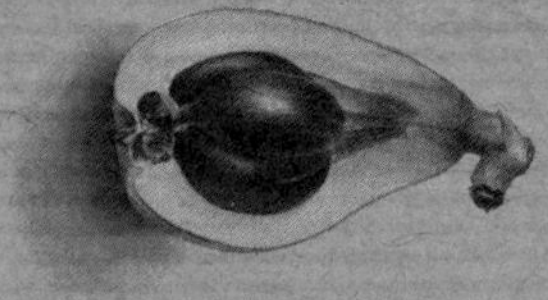

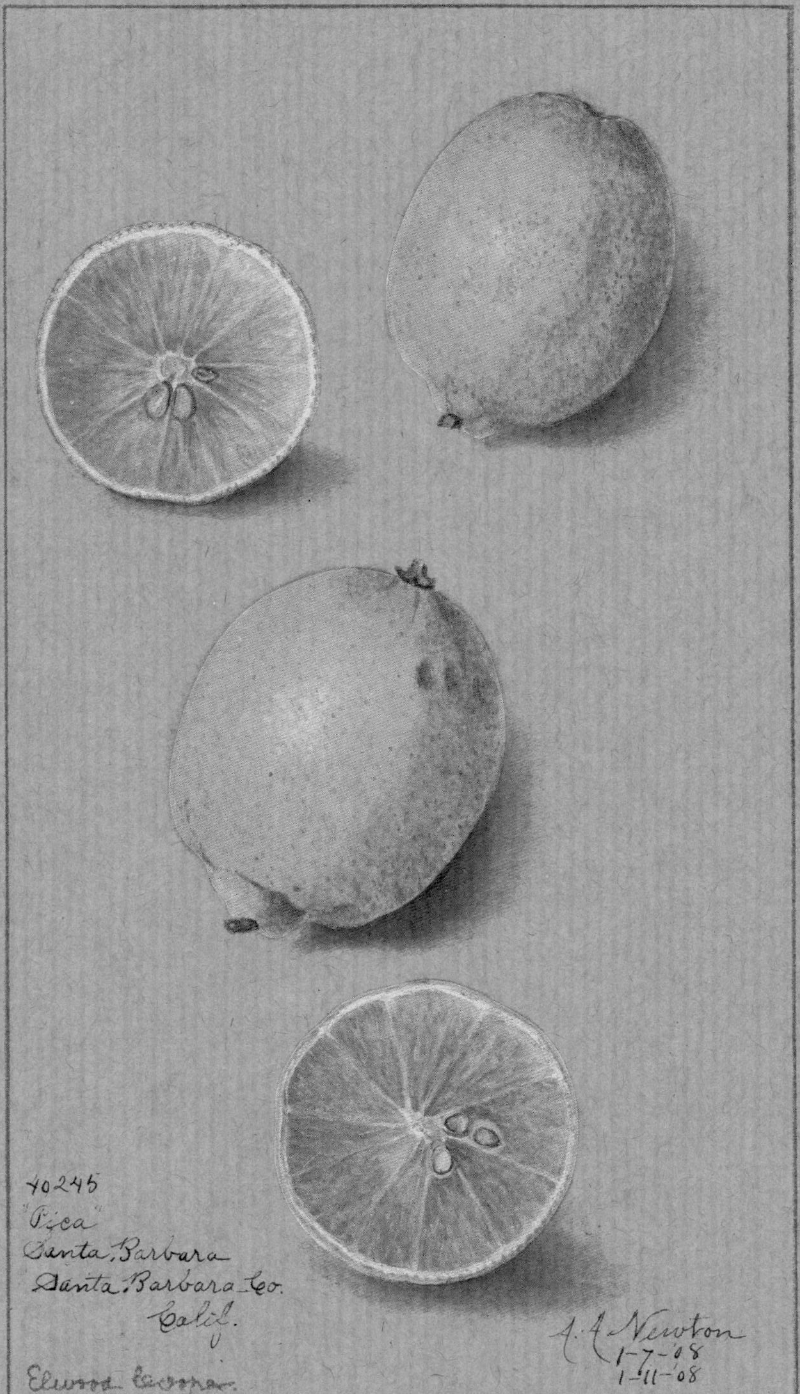
40245
"Pica"
Santa, Barbara
Santa, Barbara Co.
Calif.
Elwood Cooper.
A. A. Newton
1-7-08
1-11-08

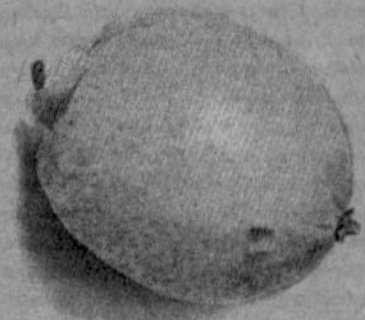
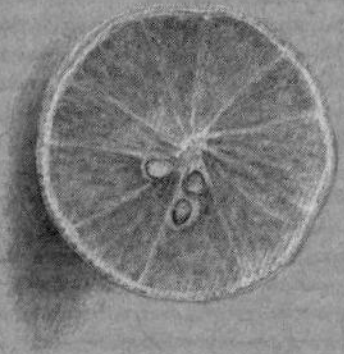

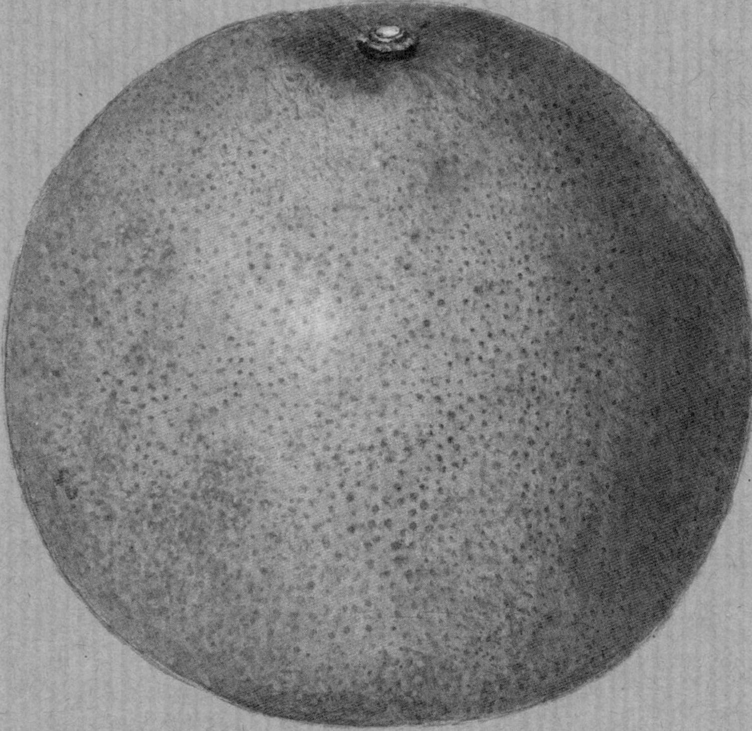

Common Fla. Grape fruit
Tree 4, Row 40
Picked Aug. 25, and held in storage
Onedora Grove
Fla.

A. A. Newton
9-4-1919

To

From

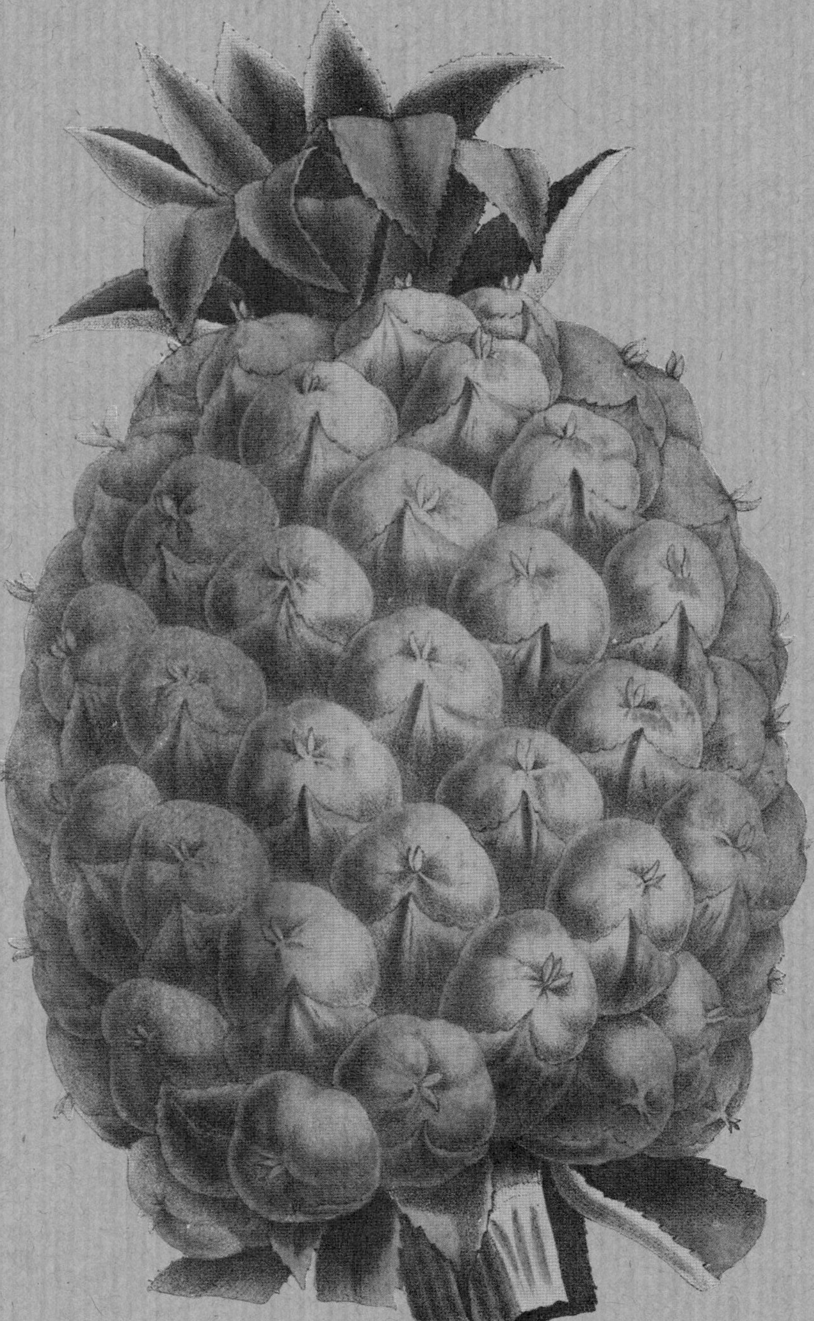

Ananas d' Otahiti

To

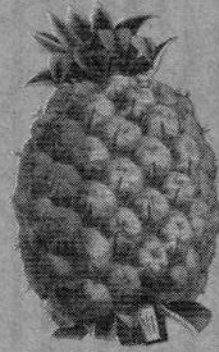

From